Eckard Krause

Himmelhochjauchzend

Wie man dem Glück auf die Schliche kommt

W0064276

Taschenbuch-Bestellnummer RKW 71

© Copyright 2002
by Reinhard Kawohl 46485 Wesel
Verlag für Jugend und Gemeinde
Alle Rechte vorbehalten

Titelbild: DigitalVision
Umschlaggestaltung: RKW

ISBN: 3 88087 071 3

Eckard Krause

Himmelhoch jauchzend

Wie man dem Glück
auf die Schliche kommt

kawohl

Inhalt

Vorwort

Eigentlich sehnen wir uns alle nach dem Himmel auf Erden - wie wir diesen urmenschlichen Wunsch nennen, ist gar nicht so entscheidend: Glück, Zufriedenheit, Seelenheil, Gelassenheit, Freude, gelingendes Leben, Erfolg, Liebe, Geborgensein oder geistliche Erfüllung. Irgendwie ahnen wir, dass es so etwas wie das Paradies gibt, inmitten unserer Fragen, Unsicherheiten, Verletzungen und Ängste. Das Merkwürdige daran ist, dass wir dieser tiefen Sehnsucht oft nur schwer Ausdruck verleihen können. Wie soll man in Worte fassen, dass das Herz tanzt, der Geist jubelt, der Körper entspannt und der Verstand plötzlich begreift, was ihn so unruhig sein lässt; wie soll man sagen, dass sich ein tiefer Friede über einen Menschen gelegt hat, in dem alle Bedürfnisse gestillt und selbst alte, schmerzhafte Wunden geheilt werden; wie soll man erklären, dass es einen Zustand gibt, in dem Heiterkeit, Freiheit und innige Zuneigung zu dieser Welt sich fröhlich verbünden und einen unverkrampften Blick auf das eigene Dasein ermöglichen?

Einer, der solche leisen, aber eindringlichen Gedanken in Geschichten, Bildern und Ermutigungen so einfangen kann, dass sie mit einem Mal ganz einleuchtend und zugleich ungemein anregend werden, ist Eckard Krause. Ein begnadeter Erzähler, der einen mit Worten an die Hand nimmt und in eine Welt voller Glaube, Liebe und Hoffnung entführt. Wie ein leidenschaftlicher Koch sucht sich Eckard Krause die besten Zutaten auf dem Markt des Menschseins aus, zeigt, wie man gute von schlechten „Lebensmitteln" unterscheidet und kocht aus all dem etwas, das auf der Seele zergeht. Ich genieße es, wenn er mir das Dasein würzt und den Himmel schmackhaft macht. Hätte ich als „Lebensgourmet" einen „Guide de Pasteurs" zu schreiben, bekäme Eckard Krause fünf Sterne, die Bestnote.

In diesem Buch geht es um die Jagd nach dem Himmel auf Erden, um das, was der Existenz eines Menschen das Fundament gibt, auf dem es sich leben lässt. Befragt man einschlägige Lebensberatungsinstanzen, dann sollte ein „Himmelsstürmer" sich vor allem darum bemühen, glücklich zu werden. Doch wer nur ein bisschen über Glück nachgedacht hat, der weiß, dass am Ende aller Überlegungen immer die Frage nach dem Sinn steht. Nur wer weiß, wozu er sein Leben lebt, kann es auch „sinnvoll" gestalten. Davon handelt der zweite Teil. Zum Glück hat Eckard Krause die Begabung, auf sympathische Weise deutlich zu machen, dass der „Himmel auf Erden" nicht ohne den „Himmel im Himmel" denkbar ist. Was er darunter versteht, macht er in seinem dritten Essay deutlich.

Die hier vereinten Texte sind als Vorträge gehalten worden. Das liest man ihnen von den Zeilen ab - und das ist gut so. Das gesprochene Wort ist eben anders als das geschriebene, manchmal kantiger, manchmal direkter, aber immer mit einer ganz eigenen Kraft. Natürlich wurden die Mitschnitte sprachlich überarbeitet, aber wir haben uns bemüht, möglichst viel von der ursprünglichen Redeform „zu retten". Wenn also zwischen den Zeilen plötzlich ein charmantes Grinsen hervorbricht oder eine leidenschaftliche Stimme sich vordrängt, dann sind Sie mitten drin, in einer der Geschichten des Lebens, die auf ein „Happy End" warten.

Einen gesegneten Lesegenuss wünscht Ihnen
Fabian Vogt

Kleiner Grundkurs „Glück"

Was braucht der Mensch zum Glücklichsein?

Waren Sie schon einmal auf einem Klassentreffen? Ich erinnere mich an das letzte, zu dem ich gegangen bin. Ich hatte mich richtig darauf gefreut, meine ehemaligen Mitschülerinnen und Mitschüler zu treffen, von denen ich die meisten seit vielen, vielen Jahren nicht mehr gesehen hatte. Ich fuhr also voller Erwartung hin - und dann fing es an. Bei meiner sprichwörtlichen Vergesslichkeit hatte ich erst einmal alle Mühe, mich überhaupt an die Namen zu erinnern, und noch schwieriger wurde es, als wir uns gegenüber standen, und ich die mühsam hervorgeholten Namen den entsprechenden Gesichtern zuordnen musste. Aber irgendwie erkennt man dann doch einen nach dem anderen, und ich war richtig gespannt, was die wohl so alles zu erzählen haben.

Soll ich Ihnen etwas sagen: Es war wahnsinnig enttäuschend! Eigentlich ging es die ganze Zeit nur um Banalitäten - um Essen und Trinken, was man heute so trägt, um ein paar Anekdoten von „damals", um die komischen Lehrer und wie wir sie geärgert haben, und wie die Frisur sitzt. Und als es dann später wurde, ging es auch noch ein bisschen um Sex und um Liebe. Was mich am meisten gestört hat, war diese aufgesetzte Heiterkeit - jeder zeigte sich von seiner Schokoladenseite, machte einen auf „ganz fröhlich", „ganz locker" oder auf „unglaublich attraktiv". Ich dachte nur: „Wir haben uns zwanzig bis dreißig Jahre lang nicht gesehen, jeder der Klassenkameraden hier hat seitdem ein halbes Leben hinter sich gebracht - und es geht immer noch um die alten, gleichen, oberflächlichen Themen wie in der Schulzeit." Es war richtig frustrierend! Ich bin an diesem Abend sehr traurig nach Hause gefahren.

Bei vielen Menschen habe ich den Eindruck - und das sage ich ganz ohne Anklage und ohne Vorwurf - dass sie Jahre um Jahre zubringen, zwar immer älter, aber trotzdem im Lauf der Zeit nicht ein bisschen weiser werden! Was würden diese Menschen wohl antworten, wenn man ihnen die folgenden Fragen stellen würde. „Hey, sag mal:

- Wie war das, als du damals - mit 14, 15 Jahren - angefangen hast, bewusst zu leben?

- Wie war das, als du noch so viele Hoffnungen hattest?

- Wie war das, als das Leben vor dir lag und du jung, agil und dynamisch warst?

- Was ist eigentlich aus all deinen Träumen geworden?

- Hat sich das erfüllt, was du dir zutiefst vom Leben erhofft hast?

- Hast du wirklich gelebt?"

Und wenn diese Menschen ganz ehrlich werden, dann höre ich häufig den Satz: „Ach wissen Sie, gelebt, na ja, - man müsste noch mal zwanzig sein! Man müsste noch mal anfangen können."

Ganz viele Menschen leben über Jahrzehnte rückwärts gewandt. Sie schauen immer zurück auf die schönen verheißungsvollen Zeiten, aber fangen nicht an, ihre Träume umzusetzen. Und das heißt konkret: Es gibt

> *Bei vielen Menschen habe ich den Eindruck, dass sie zwar immer älter, aber trotzdem nicht ein bisschen weiser werden*

viele, die haben nie gelebt. Irgendwie warten sie immer auf irgendetwas, das noch kommen muss, bevor es richtig losgehen kann.

Selbst junge Leute, die ich frage, sagen mir: „Ja, weißt du, jetzt läuft das noch nicht so richtig. Erst einmal muss ich die Schule zu Ende machen - aber dann..." Und wenn sie die Schule beendet haben: „Hör auf, mich zu nerven! Du kannst dir ja nicht vorstellen, wie das mit meiner Lehrstelle ist! Wenn ich erst mal ausgelernt habe - dann..." Und wenn man sie dann trifft, nachdem sie ausgelernt haben: „Du, ich habe zur Zeit ziemlich viel Ärger mit meiner Freundin! Wenn ich erst mal unter der Haube bin, verheiratet und etabliert..." Und dann sind sie endlich verheiratet und ich meine: „Na, geht es jetzt los?", dann kommt: „Oh, die Kinder! Das ist ein Theater! Wenn die erst mal groß sind, dann..." Irgendwann sind die Kinder groß, aber die Entschuldigungen gehen weiter: „Ach, mein Ischias! Wenn ich erst einmal wieder gesund bin! Dann..." Und wenn man diese Leute irgendwann fragt „Wann gab es denn nun die Zeit, in der du so richtig gelebt hast und aus tiefstem Herzen glücklich warst?", dann sieht man plötzlich leuchtende Augen: „Ja, weißt du, eigentlich, als ich 14 war!"

Wahrscheinlich kennen Sie solche Gespräche: Die vielen vorgehaltenen Erklärungen, warum es jetzt noch nicht so richtig klappt und was noch alles passieren muss, damit derjenige endlich glücklich werden kann. Vielleicht ertappen Sie sich sogar ab und an selber dabei, dass Sie das Glücklichsein gerade mal wieder auf unbestimmte Zeit verschoben haben, weil erst noch dieser oder jener Lebensumstand geändert werden muss. Schlimm wird es, wenn wir irgendwann entdecken, dass wir unser Leben mit Banalitäten zubringen, nur weil noch nicht alles zum Glücklichsein organisiert ist. Das Problem dabei lautet: Wir haben bloß ein einziges Leben! Und da werde ich hellhörig und sage ganz klar: „Mein Leben ist mir viel zu schade zum Vergeuden, ich kann es doch nie mehr wiederholen!" Ich möchte nicht zu denen gehören, die am Ende eines Lebens entweder seltsam verbittert in der Vergangenheit leben oder sich von den wenigen Jahren, die noch vor ihnen liegen, das erhoffen, was sie fünfzig oder sechzig Jahre lang versäumt haben. Die Grundlage für ein gelingendes Leben lautet: „Leben Sie jetzt!" Und die dahinterstehende, bohrende Frage: „Können Sie jetzt sagen: „Ich habe ein erfülltes und glückliches Leben?"

> *Vielleicht ertappen Sie sich sogar ab und an selber dabei, dass Sie das Glücklichsein gerade mal wieder auf unbestimmte Zeit verschoben haben*

Die Sehnsucht nach Glück

„Ein erfülltes und glückliches Leben." Was ist das überhaupt? Kann man das auf einen Nenner bringen? Wir

12

sind doch alle wahnsinnig unterschiedlich. Einige von Ihnen sind wahrscheinlich noch sehr jung, einige so im Mittelalter, andere sind älter - „Fünfzig Plus", wie das heute politisch korrekt heißt. Es gibt besonders Kluge unter uns, und es sind Einfältige dabei, einige haben eine Arbeit, andere haben keine oder können nicht mehr arbeiten, es gibt Reiche, es gibt Arme, Männer und Frauen... Gibt es überhaupt das Glück für alle Menschen? Nun, zumindest eins haben wir, haben alle diese Gruppen gemeinsam: die große Sehnsucht, so richtig glücklich zu werden!

> *Zumindest eins haben wir alle gemeinsam: die große Sehnsucht, so richtig glücklich zu werden*

Ich erlebe oft, dass Leute diese Sehnsucht nach Glück gar nicht so gerne zugeben; als wäre das etwas Unmoralisches. Wenn ich ganz wichtige Leute frage: „Was möchten Sie denn in Ihrem Leben erreichen?", dann kommen fast immer bewegende, schöne Ideale: „Ich möchte für die Familie da sein. Ich möchte für die Welt etwas Wichtiges leisten. Ich möchte mich ehrenamtlich engagieren. Und so weiter." Wissen Sie, was ich glaube? Das alles können Sie auf einen einzigen Satz reduzieren: „Ich möchte so richtig rundherum schön glücklich werden." Und wissen Sie was? Ich finde das gar nicht verwerflich. Warum sagen wir nicht einfach, was wir fühlen, anstatt uns hinter lauteren Zielen zu verstecken.

Ich könnte mir gut vorstellen, dass unser Bundeskanzler, wenn wir ihn fragten: „Was möchten Sie eigentlich so richtig von Herzen gerne?", wahrscheinlich sagen würde, dass er seinem Volke dienen, den Staat voranbringen und in die Geschichte eingehen will - und dergleichen mehr. Aber mal Hand aufs Herz! Das sind doch alles nur Umschreibungen für etwas ganz anderes. Der Kanzler will, wie wir alle, eigentlich nur richtig schön glücklich werden. Na und? Ist etwas schlecht daran, wenn jemand sagt: „Ich möchte von Herzen glücklich werden"? Ich glaube nicht. Ich glaube: Wir sollten uns das eingestehen. Und ich glaube auch, dass ein Leben wirklich verfehlt ist, wenn es nicht in sich harmonisch und glücklich gelebt wird.

> *Ich glaube, dass ein Leben wirklich verfehlt ist, wenn es nicht in sich harmonisch und glücklich gelebt wird*

Ich bin sicher: Auch Sie haben Ihre Sehnsucht nach Glück. Und vielleicht denken Sie jetzt gerade: „Der hat gut reden! Der kennt meine Probleme nicht!" Das stimmt. Ich bitte Sie trotzdem herzlich: Resignieren Sie nicht! Gestatten Sie sich diese Sehnsucht! Ich bin zutiefst davon überzeugt, dass Sie ein Recht darauf haben! Und Sie haben auch die Chance, glücklich zu werden! Dafür ist es niemals zu spät. Und es wäre schön, wenn ich Ihnen dabei ein wenig Hilfestellung leisten könnte.

Ein glückliches Leben
- der Wille Gottes?

Ich probiere mal eine eigenwillige Behauptung. Wenn man darüber nachdenkt, was ein „glückliches Leben" ausmacht, dann macht man sich viele Gedanken. Aber ein Gedanke kommt einem vielleicht erst ganz zum Schluss: dass „Glücklichsein" etwas mit Gott, mit Glaube oder mit Kirche zu tun hat. Und das ist fatal! Der Gott, von dem - zum Glück - immer noch viele reden, der christliche Gott, an den ich glaube, hat einmal gesagt, er sei gekommen, „damit wir das Leben in Fülle haben." Das heißt: erfüllt sein, zufrieden sein, alles bekommen, was der Mensch braucht.

Ich muss allerdings gestehen: Ich war selbst viele Jahre ein ganz passabler Mitteleuropäer, kam aufrechten Ganges daher, war sogar getauft und gehörte (zumindest nominell) einer großen Kirche an, aber auf den Gedanken, dass dieser Gott, von dem die Christen da reden, etwas mit meinem Glück zu tun hätte, wäre ich nie gekommen! Ich habe mich immer nach dem Satz gerichtet: „Jeder ist seines Glückes Schmied." Jeder ist selbst für den Erfolg oder den Misserfolg seines Lebens verantwortlich. Entweder ich packe es - oder es ist eben nicht zu packen. Und von einem war ich ziemlich überzeugt: Wenn ich nicht an mich denke, dann denkt überhaupt keiner an mich. Die Kirche war die letzte Instanz, der ich eine Kompetenz in Sachen „Glück" zugetraut hätte.

> *Wir haben viel zu lange so getan, als wäre das mit dem Glücklichsein in der Kirche nicht so möglich*

Ich sage das auch ein bisschen anklagend, und diese Anklage gilt insbesondere uns Pastoren. Wir haben viel zu lange so getan, als wäre das mit dem Glücklichsein in der Kirche nicht so möglich. Und ich bin sicher: Diese Wahrnehmung kennen Sie auch. Alles, was Spaß macht, was die Augen zum Leuchten bringt und mir und meinen Freunden gefällt, ist bei den Frommen irgendwie nicht so erwünscht. Entweder man geht in die Kirche oder in die Kneipe. Und im Gottesdienst wird keinesfalls laut und herzlich gelacht, da freut man sich mehr in der Stille. Angenommen, es gäbe für uns zwei Lebensalternativen - eine gesunde Familie, ein hohes Einkommen und ein schönes Haus in guter Lage oder eine schlechtbezahlte, selbstaufopfernde, dienende Existenz am Rande Grönlands -, wir hätten doch alle die arge Befürchtung, dass die Kirche uns das zweite empfiehlt.

Ist das wirklich so, dass Gott es nicht mag, wenn wir Spaß am Leben haben und unser Dasein genießen? Dass wir glücklich sind? Stimmt es, dass ein Christ sein Leben als dornigen steilen Pfad verstehen muss und dass für ihn erst am Ende, wenn er das alles hinter sich gebracht hat, vielleicht eine Belohnung im Himmel auf ihn wartet? Wo so etwas verkündet wird, da kann ich die Leute gut verstehen, die lieber ihren eigenen Weg gehen: „Also wenn ich mich entscheiden soll, ob Freude oder Gott, dann ist mir das Hemd

> *Gott möchte, dass ich Spaß habe*

näher als der Rock. Ich möchte gerne hier ein bisschen leben, und was danach kommt - gestatten Sie - das kann ich dann immer noch klären." Ich denke, wir haben es bei der Ablehnung irdischen Glücks mit einer richtigen Irrlehre unserer Kirche zu tun, die viele auf eine falsche Fährte geführt hat.

Ich will versuchen, Ihnen das zu erklären. Ich rede nämlich von dem Gott, den ich kennen gelernt habe und der ein vitales Interesse an meinem Glück hat! Das mag einigen Frommen in den Ohren klingeln, aber ich sage es trotzdem: „Gott möchte, dass ich Spaß habe!" Dafür kann ich Ihnen auch gerne einige gute Argumente liefern. Es gibt ganz viele. Ich will nur mal ein paar davon nennen, die ich für besonders einleuchtend halte:

1. Ich glaube zum Beispiel, dass ich nicht zufällig hier bin. Es gibt ja allerlei Hypothesen, wie der Mensch und die Erde entstanden sind. Ich persönlich finde immer noch die Geschichte am faszinierendsten, die davon erzählt, dass es einen liebenden planenden Willen gibt, einen Vater, der gesagt hat: „Jetzt mache ich mal etwas ganz besonders Schönes: den Krause!" Und dann hat er mich geschaffen, und er hat mich so richtig schön hinbekommen, so gelungen, dass ich tatsächlich glaube, dass der Welt etwas fehlt, wenn ich nicht bin. Ich glaube nicht, dass der Vater im Himmel irgendetwas Unnützes produziert hat. Ich glaube, dass er in das, was er gemacht hat, das Beste hineingelegt hat, das er hervorbringen kann.

2. Dann stellte ich ziemlich bald fest: Gott hat mir die zwei oberen Löcher nicht nur in den Kopf gedrückt, damit ich nirgendwo gegen die Wand laufe. Und er hat mir nicht nur einen Schwarz-weiß-Blick vergönnt, sondern mir eine wahnsinnig schöne, gut funktionierende Linse gestaltet. Ich kann hervorragend gucken, ich kann farbig sehen! Und das soll doch offensichtlich heißen, dass ich nicht nur Dinge wahrnehmen, sondern auch Spaß daran haben soll. Zum Beispiel an den Farben: Gott wollte, dass ich Spaß habe, wenn ich Dinge angucke. Man kann sehr gut leben, wenn man keine Farben sieht, aber Gott wollte, dass wir die ganze Vielfalt des Farbspektrums zu unserem Vergnügen zur Verfügung haben.

3. Und dieser Vater hat mir zwei Zentimeter unterhalb der Nase auch nicht nur eine biologische Luke zur Nahrungsaufnahme geschaffen, damit ich triebhaft gesteuert am Leben bleibe. Er hat mir eine Zunge gegeben und ganz feine Organe, die sehr gut unterscheiden können, ob da Hummer oder Kaviar kommt. (Was ich übrigens beides nicht besonders gerne esse.) Es gibt einige Gerichte, die machen für mich das Dasein wirklich zum Genuss. Ich kann schmecken, und Gott will, dass das Essen Spaß macht. Er hätte uns ja so schaffen können, dass wir wie die Kühe mit Gras zufrieden sind. Das wollte er aber nicht, er wollte Genießer machen.

4. So würde ich gerne auch über meine Sexualität nachdenken. Ich glaube nicht, dass Gott uns den Sexualtrieb nur gegeben hat, damit die Art erhalten bleibt. Das hätte er auch anders hinbekommen. Wir hätten ja Eier legen können. Und selbst wenn er von Anfang an das lebend gebärende Säugetier wollte, gibt es nur einen Grund, warum er uns auch diesen Genuss am Geschlechtsakt geschenkt hat: Ich glaube, dass er ihn so schön gestaltet hat, damit sich alle darauf freuen. Er wollte, dass es schön ist, mit dem anderen zu schlafen, ihm seine Nähe zu zeigen und mit dem Körper Liebe auszudrücken. Gott wollte, dass wir Freude am Leben haben. Er wollte das von Anfang an so, und er will das auch heute!

> *Ich glaube nicht, dass Gott uns den Sexualtrieb nur gegeben hat, damit die Art erhalten bleibt*

Christen sagen ja, - und ich glaube, dass das stimmt -,

dass Gott zu vergleichen sei mit einem Vater. Leider gibt es auf dieser Welt auch ganz fiese Väter und Mütter! Das macht dieses Bild manchmal etwas problematisch. Aber wenn ich die wirklich liebenden Väter und Mütter frage: „Wenn ihr an eure Kinder denkt und ihr hättet nur einen Satz zu sagen, was würdet ihr ihnen dann wünschen?" Meinen Sie ernsthaft, jemand würde antworten: „Ich wünsche meinen Kindern Entsagung, Härte und viele freudlose Zeiten. Die sollen sich erst einmal bewähren, dann gibt es vielleicht irgendwann ein bisschen Anerkennung." Das ist Unsinn. Das würde kein liebendes Elternteil jemals von sich geben. Ich habe selbst zwei Kinder, und ich muss ehrlich eingestehen, ich wünsche meinen Kindern vor allem eines: dass sie so richtig von Herzen glücklich werden. Und sollte unser Vater im Himmel weniger für uns wünschen als die guten Väter und Mütter hier auf dieser Erde?

> *Ich glaube wirklich, dass Sie in Ihrer Sehnsucht nach einem vollkommenen und glücklichen Leben einen ganz starken Verbündeten haben - und das ist Gott im Himmel*

Ich glaube wirklich, dass Sie in Ihrer Sehnsucht nach einem vollkommenen und glücklichen Leben einen ganz starken Verbündeten haben - und das ist Gott im Himmel. Es geht hier nicht darum, dass Sie irgend eine lästige Pflicht zu erfüllen haben, dass Sie sich endlich wieder mit Gott in Verbindung setzen müssten, weil sonst etwas ganz Schlimmes passieren würde. Nein, es geht darum, dass Sie endlich zu einem erfüllten Leben kommen, und zwar zu einem wirklich optimalen, zu einem glücklichen

Leben. Dass Sie nicht in Banalitäten hängen bleiben, wie das ganz viele Leute erleben. Denn eines glaube ich ganz sicher nicht: Dass diejenigen, die auf die Fragen: „Bist du glücklich? Hast du ein erfülltes Leben?" antworten, gerade dadurch, dass das Leben so furchtbar schwer und leidvoll gewesen sei, sei es dann erfüllt gewesen, Recht haben. Das will Gott nicht.

Wenn Gott aber will, dass wir glücklich werden, und wir das auch alle wollen, dann ergibt sich die Frage: „Wie funktioniert das denn jetzt?" Und da wird es spannend. Denn wenn wir diese Frage ernst nehmen, gibt es - denke ich - doch erhebliche Unterschiede zwischen dem, was wir meinen, und dem, was Gott meint, wie Menschen glücklich werden.

Glück - die Erfüllung

unserer Wünsche?

Viele sagen, es sei doch ganz einfach, glücklich zu werden. Nun, das mag auf den ersten Blick vielleicht stimmen. Es gibt ja eine Menge Lebensumstände, die eine glückliche Lösung geradezu herbeischreien. Wenn einer zum Beispiel wahnsinnig viele Schulden am Hals hat (das kann heutzutage ja ganz schnell gehen), und ich würde ihn fragen: „Sag mal, was brauchst du zu deinem Glück?", dann würde er wie aus der Pistole geschossen antworten: „Einen Lottogewinn von 500.000 Euro. Wenn ich meine Schulden loswäre, wäre ich glücklich!" Wenn ich an einer anderen Stelle jemanden in der Wüste, der drei Tage ohne Wasser war, fragen würde: „Was brauchst du zu deinem Glück?", dann würde er wahrscheinlich sagen: „Ein Liter Wasser würde reichen." Wenn ich einen Kranken im Krankenhaus fragen würde: „Was brauchst du, um glücklich zu werden?", dann würde er sagen: „Nicht wahr, Herr Pastor, Hauptsache, man ist gesund!" Und wenn ich einem alten Menschen begegnete - jemandem, der allein zu Hause wohnt, um den sich keiner kümmert und der das Gefühl hat, er sei längst abgeschrieben und überall nur noch das fünfte Rad am Wagen - und ich würde ihn fragen: „Was brauchst du denn, um glücklich zu sein?" Er würde wie aus der Pistole geschossen sagen: „Wenn mich jemand aus meiner Einsamkeit befreit." Und er hätte Recht! All diese Menschen hätten Recht: Glück ist zunächst einmal etwas sehr Subjektives und abhängig von den Umständen, in denen wir leben. Ich könnte jetzt auch an die Leute in den Kriegsgebieten denken. Die würden wahrscheinlich nur eines sagen: „Wenn doch endlich der Bombenterror aufhörte, dann wären wir glücklich."

> *Wenn alle Ihre Sehnsüchte und Wünsche erfüllt würden, dann wären Sie dennoch nicht automatisch glücklich*

Ja, Glück ist in der Tat erst einmal etwas ganz Subjektives. Wir alle haben Nöte, Sorgen und Hoffnungen. Und wenn die Not beseitigt, die Sorge erledigt und die Hoffnung erfüllt wäre, ginge es uns viel besser. Aber ich will eine herausfordernde Behauptung aufstellen und sie auch belegen. Ich glaube: „Wenn alle Ihre Sehnsüchte und Wünsche erfüllt würden, dann wären Sie dennoch nicht automatisch glücklich." Ich bin der Überzeugung, dass Sie auch dann, wenn Sie endlich Ihre Schulden loswürden, dadurch nicht automatisch glücklich wären. Ich bin sogar sicher, dass Sie, wenn Sie Ihre Krankheit loswürden, nicht automatisch ein glücklicher Mensch wären.

Einmal brachte man einen Kranken zu Jesus, der nicht laufen konnte. Und alle erwarteten jetzt, dass der Freudenmeister, der den Menschen die gute Botschaft gebracht hat, das Naheliegende tut und ihn von seiner Krankheit heilt: „Sei gesund!" Aber Jesus war viel weiter. Er blickte den Lahmen nachdenklich an und sagte: „Nein, das Lahmsein ist gar nicht das, was dich am Leben hindert! Es muss etwas ganz anderes passieren, damit du wirklich glücklich wirst." Es geht beim Glücklichsein nicht um die Erfüllung oberflächlicher Wünsche, nicht um passende Äußerlichkeiten. Es fällt uns oft schwer, das einzugestehen, aber die Menschen um uns herum zeigen uns doch auch, das dem so ist!

Ich war mit meinem Sohn in Memphis, in Graceland, dem Platz, den sich Elvis ausgesucht hatte, um dort richtig glücklich zu sein. Die Elvis-Ära war auch meine Zeit, und ich habe den „King" wirklich verehrt und sehr gerne gehört. Und da bin ich nun viele Jahre später durch sein Haus gegangen - durch seinen Palast muss man da schon sagen - und habe mir dieses selbstgebaute „Paradies" angeguckt: seine schicken Flugzeuge, die man dort hingebracht hat, seine edlen Autos - darunter den rosaroten Cadillac -, seine Literatur, die er gelesen hat und das bunt geschmückte Schlafzimmer. Und überall hörte man über Tonband die Stimme von Elvis, in ganz Graceland ertönte seine Stimme, die unendlich viele Menschen auf der Welt berührt hat. Das war eindrucksvoll. Doch dann habe ich die letzten Bilder von ihm, die Zeugnisse der letzten Tage seines Lebens gesehen. Und was sprang einem da in abschreckendster Weise in die Augen: ein aufgedunsener Fettwanst, der nur noch mit Tabletten überlebte. Einer, der alles besaß und überhaupt nicht glücklich war!

Ich denke, dass wir der Frage nach dem Glück noch tiefer auf den Grund gehen müssen. Glück ist nämlich nicht eine Sache, die sich automatisch da einstellt, wo wir all das bekommen, was wir vom Leben erwarten. Glück muss noch viel mehr sein. Ich habe dazu einen Text von Wolf Biermann gefunden, der mich sehr berührt hat:

> *Das kann doch nicht alles gewesen sein,*
> *das bisschen Sonntag und Kinderschrein,*
> *das muss doch irgendwo hingehn!*
> *Die Überstunden, das bisschen Kies,*
> *und abends in der Glotze das Paradies,*
> *darin kann ich noch keinen Sinn sehn.*
> *Das soll alles gewesen sein?*
> *Da muss doch noch irgendwas kommen!*
> *Da muss doch noch Leben ins Leben!*

Was wir übersehen, wenn wir nach Glück fragen, das ist, dass wir viel mehr sind als unser Körper. Und dadurch unterscheiden wir uns erheblich - so nehme ich jedenfalls an - von allen anderen Kreaturen. Ich gehe, wie schon gesagt, davon aus, dass eine Kuh nichts anderes braucht als eine Wiese mit Gras. Wir Menschen sind aber mehr als ein biologisches Wesen. Wir gehören zwar biologisch zum Tierreich, aber es gibt in unserem Leben eben

> *Was wir übersehen, wenn wir nach Glück fragen, das ist, dass wir viel mehr sind als unser Körper*

nicht nur einen Leib. Und deshalb geht es in unserer Existenz auch nicht nur um Essen und Trinken und die Frage, womit wir uns kleiden werden, und dergleichen. Es geht - ob Sie wollen oder nicht - auch darum, dass wir ein Innenleben haben. Wir investieren unendlich viel, um die Bedürfnisse unseres Körpers zufrieden zu stellen. Aber was tun wir für unsere Seele? Ich glaube, dass uns die beste Pflege unseres Körpers nichts nützt, wenn wir die Seele vernachlässigen. Kennen Sie das? Dass Sie alles haben und nach außen hin strahlen - und in Ihnen weint es?

Glück für die Seele

Ein großer russischer Dichter hat einmal gesagt: „Wenn du zwei Kopeken hast, dann kaufe von einer Kopeke Brot für den Leib, aber für die andere Kopeke kaufe eine Lilie für die Seele!" Ich habe das Gefühl, dass wir als Menschen in Mitteleuropa, vor allem in Deutschland, dem Wirtschaftswunderland, die zwei Kopeken immer nur für den Leib ausgeben. Und dass wir unserer Seele vorenthalten, was sie eigentlich braucht. Ich denke, dass deshalb so wenige von uns zur Erfüllung Ihres Lebens und zum Glück kommen.

> *Wenn du zwei Kopeken hast, dann kaufe von einer Kopeke Brot für den Leib, aber für die andere Kopeke kaufe eine Lilie für die Seele*

Natürlich verallgemeinere ich, bitte entschuldigen Sie das. Ich rede eigentlich von mir. Ich könnte Ihnen nämlich endlos erzählen, wie ich mir von den zwei Kopeken, die ich hatte, immer nur etwas für den Leib gekauft habe - und wie ich mit zwanzig Jahren so weit war, dass ich Lust bekam, Selbstmord zu begehen.

Wir konzentrieren uns darauf, dass „Außenleben" glücklich zu gestalten. Aber die entscheidende Frage lautet: Braucht nicht auch unser Innenleben etwas zum Glück? Kann man unter den besten Äußerlichkeiten glücklich werden, wenn das Innenleben unbefriedigt bleibt. Ich glaube: Nein! Erst, wenn die Seele glücklich ist, kann es auch der Körper werden. Vor allem entdecken wir mit einer glücklichen Seele, wie unbedeutend viele der Äußerlichkeiten sind, für die wir Geld, Kraft und Zeit einsetzen.

Aber: Was ist denn dieses Innenleben genau? Dazu muss ich ein bisschen ausholen. Die Menschen sind ja schon lange sehr stolz darauf, dass sie denken können. Das Verrückte ist: Das müssen sie auch - sie können nicht nur, sie müssen. Und das genau ist der Grund, warum so viele Leute unglücklich sind! Sie denken nach vorne (das kann eine Kuh übrigens nicht), und sie denken nach hinten. Da sind also einerseits die Dinge aus der Vergangenheit, an die sie sich erinnern und die sie nicht gut verkraften, oft schmerzvolle Erfahrungen, die sie verdrängen wollen, und andererseits die vielen Unsicherheiten bezüglich der Zukunft, die ihnen Angst bereiten und sie unruhig werden lassen. Und weil sie diese Gedanken hassen und sie nicht wahrhaben wollen, lassen sie sich vollaufen mit Kanal 48 oder zappen sich die Finger wund, damit sie auf jeden Fall nur im Heute leben und ja nicht mehr an Morgen und an Gestern

> *Dort, wo wir am stärksten sind, sind wir oft auch am verwundbarsten*

denken müssen. Dort, wo wir am stärksten sind, sind wir oft auch am verwundbarsten. Und darum ist unser Verstand Segen und Fluch zugleich: Wir Menschen können nicht nur denken, wir müssen auch denken!

Dieses Denken zwingt uns Fragen auf, und wenn wir die Fragen nicht beantworten können, dann können wir uns bis über die Ohren sattgefressen, sattgesehen und sattgelebt haben, dann können wir eine Arbeit haben und viel Geld verdienen, können gesund sein, vor Kraft strotzen wie Arnold Schwarzenegger, uns mit noch so klugen und bedeutenden Menschen umgeben und immer auf tolle Gemeinschaft machen - wir werden einfach nicht glücklich werden, sondern am Leben vorbei laufen.

> *Es gibt drei Fragen im Leben eines Menschen, auf die man alle anderen Sehnsüchte und Fragen der Seele reduzieren kann*

Was ist es, was unsere Seele braucht? Beim Körper können wir das ganz einfach sagen: Wasser, Nahrung, Kleidung und all diese Dinge. Aber was macht eine Seele satt, warm und gesund? Das ist ein bisschen kompliziert. Ich will es mal so sagen: Es gibt drei Fragen im Leben eines Menschen, auf die man alle anderen Sehnsüchte und Fragen der Seele reduzieren kann. Drei Fragen! Und derjenige, der auf diese drei Fragen eine für sich befriedigende Antwort gefunden hat, ist glücklich. Und dieses Glück ist so fundamental, so befreiend und guttuend, dass alle Äußerlichkeiten daneben verblassen. Wenn Sie diese Fragen beantwortet haben, dann sind Sie glücklich, egal, ob Sie gesund oder krank sind, ob Sie arbeiten oder eine Stelle suchen, ob Sie reich sind oder arm. Ganz gleich, wie Ihre Lebensbedingungen aussehen, Sie sind glücklich!

Es gibt Berichte von Menschen, die in den übelsten Zuchthäusern gesessen haben - das wünsche ich wirklich keinem von Ihnen und mir auch nicht - und dennoch nicht wirklich unglücklich waren; ein Mann wie Dietrich Bonhoeffer zum Beispiel, der im Dritten Reich im Gefängnis umkam, schrieb in dem ausdrucksstarken Gedicht 'Wer bin ich': „Sie sagen mir oft, ich träte aus meiner Zelle gelassen und heiter und fest, wie ein Gutsherr aus seinem Schloss." Und von Paul Schneider wissen wir, dass er im Zuchthaus noch Osterlieder gesungen hat. Glück ist also offensichtlich nur wenig von der Verfassung meines Leibes abhängig. Um einfach so existieren zu können, braucht es nicht viel, auch wenn wir manchmal ein gewaltiges Aufsehen darum machen. Für ein 08/15-Dasein mit ein bisschen Bequemlichkeit reicht es, wenn Sie erkennen, ob ein Gebiss echt oder falsch ist, da reicht es, dass Sie unterscheiden können, ob ein Kleid von Dior stammt oder vom Kaufhof - und eigentlich benötigen Sie nicht einmal das. Aber wenn Sie wirklich leben wollen, ganzheitlich leben wollen, rundherum glücklich leben wollen, dann müssen Sie Ihre drei Antworten auf die drei entscheidenden Fragen finden.

> *Wenn Sie wirklich leben wollen, dann müssen Sie Ihre drei Antworten auf die drei entscheidenden Fragen finden*

Erste Frage: Woher komme ich?

Wo kommen Sie eigentlich her? Sie können jetzt natürlich sagen, dass das eine rein philosophische Frage sei - eventuell noch eine biologische Frage -, auf jeden Fall aber etwas, das Sie nicht besonders quält. Stimmt! Natürlich quält Sie das nicht, aber es ist doch eine Frage, die Sie insgeheim bewegt. Davon bin ich überzeugt. Ich habe jedenfalls noch keinen Menschen getroffen, bei dem das nicht so gewesen wäre. Und es ist auch ziemlich wichtig zu wissen, wo man eigentlich herkommt. Denn nur dann kann man herausfinden, wofür man da ist.

Ich will einfach mal ein Bild für diese Problematik gebrauchen: Ich sehe vor meinem geistigen Auge einen Autoreifen liegen. Der liegt da einfach so vor sich hin. Er weiß nicht, woher er kommt und weiß nicht, wohin er gehört. Und damit steht er für jeden beliebig zur Verfügung. Da kommt also so ein Irgendjemand, nimmt diesen Autoreifen, streicht ihn weiß an, schneidet ihn auf, biegt das Gummi so ein bisschen um und setzt eine Primel rein. Über Geschmack lässt sich bekanntlich streiten, aber wenn ich ein Autoreifen wäre, ich würde schreien vor Entsetzen. Ich hätte nämlich einen gewaltigen Identitätskonflikt. Ich würde rufen: „Hört mal, ich bin doch kein Blumentopf, man kann mit mir doch nicht einfach machen, was man will!" Doch, das kann man! Mit einem Ding, das nicht weiß, wohin es gehört und das nirgendwo

> *Die Identitätsprobleme der heutigen Menschen haben ursächlich damit zu tun, dass sie nicht wissen, wohin sie gehören und woher sie kommen*

„angebunden" ist, kann man in der Tat machen, was man will! Die Identitätsprobleme der heutigen Menschen haben ursächlich damit zu tun, dass sie nicht wissen, wohin sie gehören und woher sie kommen.

Oder irgendjemand - bei uns auf dem Land ist das so - nimmt diesen Gummireifen und legt ihn zum Fixieren einer Plane auf die Grünanlage. Das muss wohl wahnsinnig sinnvoll sein, aber wenn ich ein Autoreifen wäre, würde ich schreien und sagen: „Wozu bin ich eigentlich rund, wozu habe ich ein spezielles Profil, wozu bin ich aus Gummi? Diesen Job auf der Plane könnte auch ein Stein erledigen. Ich dagegen, ich hätte als Autoreifen an einem schmucken Ferrari glänzen können...!" Ahnen Sie, was es bedeutet, zu wissen, wofür man da ist. Ich halte es für die größte Krise des modernen Menschen, dass er nicht mehr weiß, wo er eigentlich hingehört, und damit für alle anderen zum Spielball wird. Man kann mit ihm machen, was man will. Man kann ihm alles einreden, ihm alles verkaufen und ihn leider auch unendlich missbrauchen.

Menschen, die nicht wissen, woher sie kommen, haben auch keine Autorität, vor der sie sich verantworten müssen, und darum verantworten sie sich - wenn überhaupt - vor der Gesellschaft, vor den Leuten, vor dem, was Tante Emma sagt, oder was diese und jene Gruppierungen denken.... Und dabei sind sie völlig haltlos. Wenn sie nur eine Stelle hätten, an der sie sich festmachen könnten, weil sie von dort kommen und dahin gehören, dann hätten sie auch eine stimmige Autorität für ihr Leben und wären frei von allen anderen Autoritäten. Wie gut das tut, wissen wir alle: Als kleiner Junge wusste ich noch, wo ich hingehöre. Ich konnte die Hand meiner Mutter greifen, und da war ich stark! Die ersten tiefen

Leiderfahrungen meines Lebens habe ich gemacht, als ich nicht mehr wusste, wo ich hingehöre.

Vor einiger Zeit habe ich einen Tramper mitgenommen, Rainer. Er sah gut aus und war 27 Jahre alt. Wir saßen im Auto, wir stellten uns vor, ich sagte ihm meinen Beruf, Pastor, und das hat ihn wohl gesprächig gemacht, denn er erzählte mir eine dieser klassischen Geschichten: Er ist drogenabhängig, Heroin, und muss sich dreimal täglich eine Spritze geben, wenn er nicht durchdrehen will. Und er sagte, er wüsste einfach nicht, wo er hingehört. Seine Mutter hat ihn im Stich gelassen, sie ließ ihn zurück, als sie sich von seinem Vater scheiden ließ, und sein Vater wollte ihn bald nicht mehr sehen. Rainer sagte: „Ich überlebe überhaupt nur durch den nächsten Druck." Wir haben an diesem Tag Freundschaft geschlossen, und ich hoffe, ich kann Rainer helfen. Denn die Antwort ist bei all den Schwierigkeiten, die der junge Mann hat, ganz einfach: Rainer müsste wissen, wo er hingehört, er müsste wissen, dass da einer ist, der ihn liebt. Dass da einer ist, der für ihn da ist. Dass da einer ist, der sich die Augen ausheult nach ihm. Ich weiß, was Abhängigkeit bedeutet, und sage es trotzdem: Wenn Rainer wüsste, wo er hingehört, dann könnte er von den Drogen frei werden, dann könnte er glücklich werden. Da bin ich sicher.

Wissen Sie, wo Sie hingehören? Ich hoffe es. Denn wenn Sie sich diesen „Kram" anhören, den uns die Biologen und die Wissenschaftler anbieten - dass wir alle einfach aus ein paar chemischen Formeln bestehen, die nur wenig komplizierter sind als H_2O -, dann mag das vielleicht in der Biologie oder der Biochemie stimmen, es hilft Ihnen aber, was das Glücklichwerden angeht, überhaupt nicht weiter. Ihre Seele braucht andere Antworten! Ich glaube, dass sie eine Antwort braucht, in der Gottes liebender Schöpferwille eine Rolle spielt. Wo gehören Sie eigentlich hin? Ist da eine Hand, nach der Sie greifen können? Denn die brauchen Sie, um glücklich zu sein! Haben Sie eine Antwort auf die Fragen: „Wo gehörst du hin? Worauf kannst du dich verlassen? Wo greifst du nicht ins Leere?"

Fragen Sie bitte Ihre intelligenten Antworten, ob sie Ihre Seele zur Ruhe bringen

Alles, was Sie bisher glaubten, mag Ihnen wesentlich intelligenter vorkommen als das, was die Kirche von einem Vater im Himmel lehrt, der Ihnen in Jesus nachgegangen ist und Sie unendlich liebt. Vielleicht haben Sie sich die ganze Zeit an sehr schlaue, einleuchtende und wissenschaftlich belegte Erklärungsmuster gehalten. Aber fragen Sie bitte Ihre intelligenten Antworten, ob sie Ihre Seele zur Ruhe bringen!

Zweite Frage: Wohin gehe ich?

Wohin gehen Sie eigentlich? Der Atomphysiker und Philosoph Heisenberg hat unsere Gesellschaft einmal mit einem Luxusdampfer verglichen - heute würde man vielleicht sagen: ein Kreuzfahrtschiff der Extraklasse. Heisenberg hat gesagt, dass wir uns verhalten, als lebten wir auf diesem Luxusliner und hätten wahnsinnig wichtige Probleme zu lösen: „Was essen wir heute Abend? Speisen wir im blauen Salon oder im roten? Wie kleiden wir uns? Hören wir diese Musik oder jene?" Das ist ja auch alles ganz wichtig. Aber Heisenberg fügt sehr deutlich hinzu: „Die Gesellschaft scheint eines übersehen zu haben: dass wir auf einem Boot sitzen, das kein Steuer und keinen Anker hat. Es ist nur eine Frage der Zeit, wann dieser Kahn auf ein Riff oder auf eine Mole läuft und untergeht."

> *Es kann doch nicht sein, dass wir meinen, wir könnten glücklich werden, wenn wir auf einen Tod zu leben*

Ich will Ihnen hier wirklich keine Angst machen! Aber ich glaube, dass solche Ängste in uns leben und dass es wichtig ist, sie uns bewusst zu machen. Es kann doch nicht sein, dass wir meinen, wir könnten glücklich werden, wenn wir auf einen Tod zu leben und davon ausgehen, das damit alles zu Ende ist! Wenn es wirklich das Ziel Ihres Lebens ist, irgendwann einmal in die Grube zu fahren, dann ist jeder Schritt auf so ein morbides Ziel hin genauso sinnlos wie das Ziel selbst. Dann gibt es doch bloß noch die Frage: „Warum denn nicht schon heute?" Wenn der Tod sinnlos ist, dann werden Sie auch mit den größten Verrenkungen keinen Sinn im Leben finden.

Mich persönlich hat die Frage nach dem „Wohin" meines Lebens so tief getroffen, dass ich daran fast zerbrochen wäre. Ich weiß, dass dieser Satz stimmt: „Wenn du keine Antwort auf die Frage hast, was nach dem Tod kommt, dann hast du keine Chance, in diesem Leben glücklich zu werden!" Und der Satz „Wir müssen doch alle mal in die Grube", lässt sich so lange mit einem schalen Lächeln in die Runde werfen so lange er uns nicht betrifft. In dem Augenblick aber, in dem wir dran sind, sieht das ganz anders aus!

Viele Menschen kennen eine Menge großer Weisheiten über das Leben. Sie grübeln, denken, begreifen und sagen mir dann, wie wichtig es ist, all diese großen Gedanken gedacht zu haben. Manchmal treffe ich Intellektuelle, die wirklich davon überzeugt sind, dass man mit Klugheit und Wissen alles in den Griff bekommt. Diese Leute würde ich gerne einmal mitnehmen an die vielen Sterbebetten, an die wir Pastoren geführt werden. Und dann würde ich sagen „Jetzt trösten Sie bitte mit Ihrem Wissen diesen Mann!" Mir fällt dabei sofort ein 40-jähriger Bekannter ein. Er bekam Hodenkrebs, und innerhalb von zwei Wochen hatten sich Metastasen gebildet. Stellen Sie sich das vor: Zwei Wochen vorher wusste er noch nichts von seinem Schicksal, zwei Wochen später war er tot. Jetzt gehen Sie an das Bett dieses Mannes, und sagen ihm all Ihre weisen Sprüche vom Leben und vom Glück, von dem, was Leben ausmacht, und wie wichtig es ist, die Gesellschaft zu verändern. Wissen Sie: Ich glaube diese Dinge ja auch alle, ich glaube auch, dass es wichtig ist, die großen Zusammenhänge zu verstehen und sich verantwortlich zu verhalten - nur damit können Sie diesem Mann nicht helfen!

Wenn es beim Tod einfach nur um den klinischen Exitus ginge, dann würde ich sagen: „So, mein Lieber, Zähne zusammen beißen, da kommen wir schon durch. Das kriegen wir auch noch hin!" Aber es geht eben nicht nur um diese letzten Stunden. Ich habe doch schon jetzt die Zeichen des Sterbens an meinem Körper und spüre sie. Ich sterbe doch jeden Tag ein biss-

> *Von dem Augenblick an, in dem Sie geboren wurden, gehen Sie auf den Tod zu - es ist nur eine Frage der Zeit*

chen. Wir fragen immer: „Wie lange leben wir wohl noch?" Dabei geht es um etwas ganz anderes: „Wie lange sterben wir schon?" Von dem Augenblick an, in dem Sie geboren wurden, gehen Sie auf den Tod zu - es ist nur eine Frage der Zeit. Und falls Sie an das Schicksal glauben, vielleicht sogar an die Ironie des Schicksals, dann wissen Sie zwar nicht, wann es passieren wird, aber Sie wissen eines mit Sicherheit: Es wird passieren! In all seiner Grausamkeit und Unberechenbarkeit! Und wenn die einzige Antwort auf die damit verbunden Fragen die ist, dass wir da alle einmal durch müssen, dann stehen Sie sehr trostlos da. Mit dieser Erkenntnis können Sie nicht glücklich werden.

Ich habe einen Freund, der überzeugter Atheist ist. Zumindest behauptet er das. Ich glaube das ja nicht! Ich bin der Meinung, dass es in Mitteleuropa gar keine richtigen Atheisten gibt. Auf alle Fälle reden die, die sich bewusst so nennen, meist viel mehr über Gott als manche Christen. Aber ich sehe natürlich schon, dass es viele Leute gibt, die nicht wahr sein lassen können, dass Gott etwas mit ihrem Leben zu tun hat. Als dieser Freund wegen einer schweren Operation ins Krankenhaus eingeliefert wurde, rief ich ihn danach an und fragte: „Na, wie ist es dir ergangen?" Und ich fand es richtig lustig, als er ganz kleinlaut sagte: „Ja, weißt du, als ich dann so auf dieser Trage in den Operationssaal hineingefahren worden bin, da habe ich mich an meine frühchristliche Sozialisation erinnert." Und ich sagte, mühsam mein Grinsen unterdrückend: „Stimmt's, du hast gebetet?" Da war eine ganze Weile Ruhe auf der Leitung und dann kam so ein verschämtes: „Na ja, eigentlich schon ....."

Die meisten Menschen schieben die Frage nach dem Tod solange vor sich her, wie es nur irgend geht. Das halte ich für einen großen Fehler. Könnten Sie sich vorstellen, dass sich das Leben eines Menschen

> *Die meisten Menschen schieben die Frage nach dem Tod solange vor sich her, wie es nur irgend geht*

total verändert, wenn er den Tod nicht mehr fürchtet? Wenn der Lebensentwurf nicht mehr heißt: „Von nun an geht es bergab!" sondern wenn er plötzlich so lautete: „Es geht immer bergauf, wir werden nicht sterben, sondern leben! Unser Dasein wird mit jedem Tag vollendeter."

Ahnen Sie, was das mit einem Leben macht? Es ist traumhaft. Wenn das Ziel eines Lebens nicht mehr mit Angst, sondern mit Hoffnung und Zuversicht verknüpft ist, leben Sie auch die Zeit davor ganz anders. Ich kann nur ganz vorsichtig fragen: Haben Sie für sich eine befriedigende Antwort auf die Frage, wo Sie am Ende der Tage landen werden, gefunden? Wenn ja, dann haben Sie eine Chance, glücklich zu werden. Wenn nein, dann können Sie essen und trinken und alles um sich versammeln, wonach Sie sich sehnen, ohne dadurch nur einen Deut glücklicher zu werden.

Dritte Frage: Wozu lebe ich?

Die beiden ersten Fragen stecken den Rahmen ab, die dritte betrifft uns unmittelbar. Was soll das eigentlich alles mit diesem oft so anstrengenden, herausfordernden Leben, das uns ins Schwitzen bringt, den Schlaf raubt und bisweilen auch an die Nieren geht? Wer für sich geklärt hat, „woher" er kommt, und „wohin" er geht, der braucht auch die Antwort auf das entscheidende „Wozu", das sich noch schwerer verdrängen lässt als die beiden anderen Fragen und sich auf noch viel subtilere Weise in den Alltag schleicht. Also: Wozu leben Sie eigentlich? Wozu investieren Sie Ihre Gesundheit? Wozu investieren Sie Ihre Kraft und Ausdauer? Wozu investieren Sie Ihre Schönheit? Wozu opfern Sie Ihre Zeit? Wozu investieren Sie Ihre Jugend und Ihre Intelligenz? Und: Lohnt es sich? Wäre es nicht einfacher, Ihr Häuschen hier zu verkaufen und mit dem Geld in Papua-Neu-Guinea bis zum Ende Ihres Lebens ohne jeden Zwang ruhig zu leben? Wozu leben Sie! Darauf werde ich im nächsten Kapitel ausführlich eingehen. Seien Sie gespannt!

> *Wozu leben Sie eigentlich? Wozu investieren Sie Ihre Gesundheit? Wozu investieren Sie Ihre Kraft und Ausdauer?*

Ich merke, dass uns diese Fragen fremd geworden sind. Es war einmal anders, ganz anders! Wir lebten - so erzählt die Bibel mit einem wunderschönen Bild - wie Kinder, die mit Muscheln spielten, in einem herrlichen Garten. Und Gott, unser Vater, ging jeden Tag durch den Garten, durch die Abendkühle, und wir begegneten einander. Wir konnten ihn fragen, was uns bedrückte und bedrängte, und er gab uns die Antwort. Er sorgte für uns, für den Körper und für die Seele. Damals gab es noch keinen Grund, sich selber so mit Aktivitäten, Ablenkungen und Vergnügungen zu überladen, dass das Wesentliche verschütt ging. Gott war die unmittelbare Quelle unserer Sehnsucht. Und die Menschen waren glücklich. Ich denke, dass Sie die Antworten auf die drei großen Fragen des Leben nur finden, wenn Sie zurückkehren in die Beziehung, zu der Sie ursprünglich geschaffen wurden. Darum hat Glück etwas mit Gott zu tun, ob Sie wollen oder nicht. Und ich freue mich immer, wenn ich wieder mal verstehe, dass das ja eigentlich ein ganz klarer und prägnanter Schritt ist. Ich selber versuche dann immer, es so auszudrücken:

Vater,
mein Problem ist, dass ich dir nicht mehr glaube,
dass du es gut mit mir meinst.
Irgendwann haben wir uns auseinander gelebt,
und jetzt habe ich all die vielen Fragen
und keine Antworten.
In mir lebt die Sehnsucht nach Glück,
und du bist der, der mich glücklich machen will.
Befreie mein Dasein aus dem Kreislauf
der Banalitäten.
Mache mein Leben wesentlich.
Amen.

Kleiner Grundkurs „Sinn"

Wozu sind wir eigentlich da?

Auch wenn das bisweilen von fatalistisch angehauchten Zeitgenossen anders verkündet wird: Es ist nicht egal, was einer in seinem Leben tut. Über allem thront die äußerst bedeutsame Frage, ob er einen Sinn in dem sieht, was er tut, ob es für sein Handeln einen tieferen Grund gibt, ein Lebenskonzept oder eine Idee, zu der

> *Es ist nicht egal, was einer in seinem Leben tut*

jeder Tag ein Puzzlesteinchen hinzufügt. Und tatsächlich kann es sein, dass man einen solchen Sinn erst einmal finden muss. Ich habe, als ich eines Tages ziemlich überraschend einen neuen Entwurf für mein Leben bekam, plötzlich gespürt, dass es dadurch für mein Leben nun auch einen völlig neuen Sinn gibt.

Ohne Sinn ist das Leben sinnlos. Das mag banal klingen, aber wenn ich sehe, wie gedankenlos viele Menschen ihren Alltag gestalten, dann glaube ich nicht, dass allen Leuten die Bedeutung dieses trivialen Satzes klar ist. Wer einen Sinn in seinem Leben benennen kann, der lebt völlig anders als einer, der das nicht kann. Und darüber möchte ich im Folgenden ausführlicher reden.

Die „Warum-Frage" macht Sinn

Kinder haben den Mut, Fragen zu stellen, die wir eigentlich auch stellen müssten. Dazu gehören vor allem die oft sehr nervigen „Warum-Fragen". Wenn Sie Kinder haben, dann wissen Sie, wovon ich rede. „Warum ist es schon neun Uhr? Warum ist das Gras grün? Warum müssen wir jetzt da hingehen?" Wenn Sie genau hinhören, dann merken Sie, dass Kinder keinesfalls absurde Fragen stellen, o nein, das sind oft unglaublich wertvolle Anfragen an Dinge, die für uns im Lauf der Zeit - bedauerlicherweise - selbstverständlich geworden sind. Auch wir müssten uns eigentlich jeden Morgen, wenn wir aufstehen, fragen: „Warum eigentlich? Warum stehe ich jetzt auf? Warum bleibe ich nicht liegen?"

> *Wir müssten uns eigentlich jeden Morgen, wenn wir aufstehen, fragen: „Warum eigentlich?*

Es gibt keine dummen Fragen, es gibt vielleicht falsch gestellte Fragen - und vor allem Fragen, die ich an die falschen Adressaten richte, aber gut und richtig sind ernstgemeinte Fragen immer. Unglücklicherweise gibt es ein Alter, in dem sich die angebliche Reife dadurch zeigt, dass man Fragen beantworten kann. Wer dann noch alles in Frage stellt, wird möglicherweise seltsam angesehen. Daran sollten wir uns nicht stoßen. Denn wenn Sie aufhören, die „Warum-Frage" zu stellen - „Warum tue ich das jetzt?" - dann berauben Sie sich dessen, was Sie eigentlich zum Menschen macht. Ich will jetzt hier die nichtmenschlichen Kreaturen keinesfalls beleidigen, aber wenn Sie aufhörten, verstehen zu wollen, dann wären Sie im Grunde genommen wie ein Tier. Eines dieser Tiere, die man auf die Weide treiben kann, die man melken kann, die man schlachten kann - und die niemals auf die Idee kämen zu fragen: „Warum?" Nebenbei: In autoritären Systemen sind das die besten Staatsbürger,

Menschen, die nie fragen „Warum?", sondern fraglos rufen: „Führer, befiehl, wir folgen!"

Ahnen Sie ein bisschen, welchen Wert das Fragen hat? Wenn Sie nach der Lektüre dieses Buches nur eines ändern würden, nämlich ganz viele neue Fragen stellen, dann wäre ich schon zufrieden. Die Königin der Fragen aber ist die „Warum-Frage", sie ist unendlich entscheidend. Warum eigentlich arbeiten Sie? Und warum arbeiten Sie das, was Sie arbeiten? Warum lieben Sie? Und warum lieben Sie diese eine Person? Warum glauben Sie? Oder: Warum glauben Sie nicht? Ich gestehe eines gerne ein: „Warum?" ist eine unendlich lästige Frage. Darum verdrängen wir sie ja auch so gerne. Aber wir müssen uns ihr stellen und sie stellen. Sie können es sich natürlich leicht machen, Sie können die Frage „wegdröhnen", sich so mit Aktivitäten, Aufgaben, Ablenkungen oder Ängsten auf Trab halten, dass Sie gar keine Zeit zum Fragen haben. Nur werden Sie dann bald merken, dass man damit auf Dauer nicht leben kann.

Meiner Meinung nach gibt es zwei Frage-Kategorien - und beide sind wichtig. Die eine Art von Fragen, die ein Mensch stellt, ist die sogenannte „naturwissenschaftliche Frage". Sie fragen nach Erklärungen für das, was Sie sehen, hören, fühlen, schmecken, tasten, riechen und vor allem verstehen wollen. Das Verrückte an dieser Frage ist, dass wir in der Regel dazu erzogen werden - auf mich trifft das jedenfalls zu - eigentlich nur die naturwissenschaftliche Frage zu stellen. In all meinen Ausbildungen hat man mir gesagt, dass ich, wenn ich diese Frage richtig stellen würde, mein Leben meistern könnte.

Die naturwissenschaftliche Frage ist immer die Frage nach dem „Wie". „Wie ist eine Sache?" Die Naturwissenschaft untersucht alle Dinge nach dem Gesichtspunkt „Wie ist etwas geschaffen?" und kommt bei ihren Untersuchungen meist zu hervorragenden Ergebnissen. Und im Prinzip hatten meine Lehrer Recht: Wenn man Fragen stellt, bekommt man Antworten, daraus entstehen neue Fragen und wieder neue Antworten - so wird man klug! Durch die Frage „Wie ist eine Sache beschaffen?" haben Menschen zum Beispiel herausgefunden, wie mein Organismus funktioniert. Und sie haben weitergefragt und geforscht, und inzwischen können sie damit Herzen transplantieren und gewaltige Dinge machen. Einfach nur, weil gefragt wurde „Wie funktioniert das? Wie geht das?"

Nur - ich habe das ja eben schon angedeutet - ist die „Wie-Frage" meist die einzige gesellschaftlich anerkannte und erlaubte Frage. Die „Warum-Frage" ist fast immer lächerlich gemacht worden. Vielleicht, weil sie sehr schnell ans Eingemachte geht. Diese Art, sich mit den Dingen zu beschäftigen, nenne ich die „religiöse Frage". Im Abendland hat man sich jetzt schon all zu lang den Luxus geleistet, religiöse Fragen zu diskriminieren.

> *Im Abendland hat man sich jetzt schon all zu lang den Luxus geleistet, religiöse Fragen zu diskriminieren*

„Religion ist Opium für das Volk", wie Karl Marx es so nett ausgedrückt hat. Und ich bin ganz ehrlich: Manchmal hat er Recht. Es gibt zu viele Leute, die sich in die Religion flüchten und die Leerstellen ihres Lebens mit Ritualen füllen. Davon rede ich aber nicht. Religion, die entmündigt, ist Unsinn - Religion, die mündig macht, ist unser Thema. Abgesehen davon erlebe auch ich es nicht selten, dass Menschen gerade deshalb krank geworden sind, weil man ihnen die Religion entzogen hat. Also: „Warum?" ist eine religiöse Frage.

Ich will das einmal an einem Beispiel deutlich machen: Sie hatten einen Autounfall und wachen am nächsten Tag in der Klinik nach der Narkose auf. An Ihrem Bett steht der Arzt und sagt Ihnen unverblümt: „Es wird wahrscheinlich eine Querschnittslähmung bleiben!" Jetzt stellen Sie wahrscheinlich eine Frage, nämlich „Wie konnte das passieren?" Mit dieser Formulierung haben Sie sich aber nicht sehr präzise ausgedrückt - und nun stellen Sie sich vor, der Arzt würde antworten: „Sehen Sie, das ist ganz einfach zu erklären. Sie sind mit zu hoher Geschwindigkeit gefahren und aus einer Kurve getragen worden. Das ist das Gesetz der Fliehkraft. Wenn Sie wollen, kann ich Ihnen die entsprechende Formel heraussuchen." Würden Sie sich dann in die Kissen zurücklegen und sagen: „Danke, dass wollte ich wissen. Jetzt bin ich aber glücklich! Schön, dass mir diese wichtige Frage nach dem Wie meines Unfalls beantwortet wurde"!? - Natürlich nicht!

Noch einmal: Die „Wie-Frage" ist eine sehr wichtige Frage. Mit der Frage „Wie ist dieser Unfall zustande gekommen?" könnte man zum Beispiel die gefährlich Kurve begradigen und dafür sorgen, dass zukünftig keine Autos mehr aus der Kurve getragen werden - oder man könnte eine Geschwindigkeitsbegrenzung einführen. Die „Wie-Frage" hat die Fähigkeit, Leben zu retten und zwar in allen Dimensionen des Menschseins. Man kann mit der „Wie-Frage" auch Kriege verhindern, indem man gezielt

Konfliktforschung betreibt und prüft: „Wie entsteht der unbändige Widerwille zweier Völker gegeneinander?" Aber in dem Fall des Menschen, der im Krankenhaus liegt, ist die „Wie-Frage" nun wirklich nicht die entscheidende Frage seines Lebens. Er fragt eigentlich: „Warum? Warum ist mir das passiert? Warum muss ich jetzt im Krankenhaus liegen? Warum werde ich mein Leben lang querschnittsgelähmt sein? Warum soll ich eigentlich noch weiterleben?"

„Warum?" Das ist die wichtigste aller Fragen. Ihre vielen „Wie-Fragen" können Sie, wenn es um das Glücklichwerden geht, getrost zur Seite legen. Die brauchen Sie zum Leben nicht, jedenfalls nicht unbedingt! Es gibt ganz einfältige Leute, die wissen bei vielem überhaupt nicht, wie es geschaffen ist. Ich gehöre auch zu dieser merkwürdigen Spezies. Ich drücke zum Beispiel auf den Knopf der Fernbedienung und weiß nicht, wie das eigentlich funktioniert. Ab und an stürze ich mit meinem Computer in irgendwelche finsteren Abgründe, da erscheinen dann ganz komische Zeichen auf meinem Bildschirm, und meine Tastatur weigert sich, weiterhin mit mir zu kommunizieren. Ich habe überhaupt keine Ahnung, wie das alles geht. Doch dann kommt jemand und holt mich aus diesem Datenabgrund wieder raus. Dann bin ich wieder in meinem Programm, und das Leben geht weiter, ohne dass mir irgendwer die „Wie-Frage" beantwortet hat. Die

> *„Warum?"*
> *Das ist die eigentlich entscheidende Frage. Ihre vielen „Wie-Fragen" können Sie, wenn es um das Glücklichwerden geht, getrost zur Seite legen*

Wie-Frage können Sie also getrost vergessen. Man kann sehr gut über die Runden kommen, ohne all zu viele „Wies" geklärt zu haben. Wenn Sie aber auf die Frage nach dem „Warum" Ihres Lebens keine überzeugende Antwort haben, dann sind Sie eigentlich nicht fähig, den nächsten Tag sinnvoll zu gestalten. „Wozu leben Sie?" Das ist die alles entscheidende Frage! Haben Sie diese Frage für sich beantwortet: „Wozu lebe ich?"

Ich will eine Behauptung aufstellen, und ich werde diese Behauptung mit Argumenten unterstreichen. Denn die Sache mit der Religion und dem Glauben ist nicht einfach eine Sache des Gefühls. Man kann darüber nachdenken, sogar ausführlich nachdenken und überzeugende Begründungen finden! Ich behaupte einfach einmal, und man kann das auch geistesgeschichtlich nachweisen: Die „Warum-Frage" - also die Frage nach dem Sinn - trat überhaupt erst in dem Augenblick in den Vordergrund, als der Mensch sich den Luxus leistete, sich von seinem Gott zu emanzipieren, sich selbstbewusst aus der Hand Gottes zu winden. In dem Augenblick musste er die Frage nämlich anderweitig klären.

Die „Warum-Frage" trat in dem Augenblick in den Vordergrund, als der Mensch sich den Luxus leistete, sich von seinem Gott zu emanzipieren

Wenn Sie ein kleines Kind - vielleicht zwei oder auch fünf oder zehn Jahre alt - auf der Straße aussetzen, dann beginnt dieses Kind zu fragen „Was passiert jetzt? Was ist los? Warum?" Ein Kind in diesem Alter ist nicht dazu bestimmt, alleine das Leben zu meistern, ja, es ist dazu regelrecht unfähig. Und genau das will der Mensch nicht hören. Er will nicht hören, dass er unfähig ist, sein Leben ohne Gott zu meistern. Genau so ist es auch mit der Frage nach dem Sinn: Der Mensch will nicht wahrhaben, dass Gott ihm einen unendlich wertvollen Sinn mitgegeben hat - einen Sinn, der sich aber nur in Anbindung an den Sinnstifter entfalten kann.

Gebraucht werden macht Sinn

Da, wo ich herkomme, finde ich auch meinen Sinn. Ich will Ihnen das belegen. Stellen Sie sich bitte einen einfachen Kugelschreiber vor. Ein Kugelschreiber hat einen ganz bestimmten Sinn: Er soll schreiben. Das hat sich der Schöpfer bei der Herstellung gedacht, dazu hat er ihn kreiert. In meiner Hand ist er ein wertvolles Werkzeug, mit dem ich die tollsten Sachen aufschreiben kann. Was passiert aber, wenn ich den Kugelschreiber jetzt einfach auf den Boden lege? Er ist nicht mehr in meiner Hand, er ist von mir getrennt. Und um es deutlich zu sagen: Sein Dasein wird sinnlos. Er verliert seine Identität. Denn es ist doch vollkommen egal, ob da auf dem Boden ein Stück Holz oder ein Kugelschreiber liegt. Der Kugelschreiber ist in dem Augenblick sinnlos, in dem er von seinem Ursprung getrennt ist, in dem er von demjenigen getrennt ist, der ihm seinen Sinn gibt. Und was passiert aller Wahrscheinlichkeit nach? Irgendwann kommt jemand, tritt darauf und zerstört ihn! Ohne seinen Sinn wird der Kugelschreiber zum Spielball und ist den Willkürlichkeiten der Umgebung ausgeliefert. Erst in dem Augenblick, wo ich ihn wieder in die Hand nehme, bekommt der Kugelschreiber seine eigentliche Bestimmung zurück.

„Oh", werden Sie jetzt vielleicht sagen, „das hat für ihn ja auch Folgen." Stimmt: Die Mine wird aufgebraucht, der Stift wird abgenutzt und die Feder leiert aus. Aber genau das will ein Kugelschreiber, denn dazu ist er da. In dem Moment, in dem er benutzt wird, in dem er in der Hand dessen liegt, der ihn führen kann, in dem Augenblick spürt der Kugelschreiber - wenn denn ein Kugelschreiber Gefühle hätte: „Ich bin sinnvoll, ich werde gebraucht!"

Das Bild mit dem Kugelschreiber ist natürlich ein technisches Bild. Aber ich glaube, dass Sie verstehen, was ich damit sagen will. Sie alle haben im Leben die Erfahrung gemacht, dass Sie in dem Augenblick, in dem Sie gebraucht worden sind und Ihre Gaben einsetzen konnten, spürten, dass Ihr Leben sinnvoll ist. Und darum sehnen wir uns unendlich danach, gebraucht zu werden. Wir haben zwar beschlossen, uns von unserem Ursprung zu trennen - wir wollen uns emanzipieren - wir spüren aber gleichzeitig, dass wir gebraucht werden, ja, sogar gebraucht werden müssen, dass uns irgend jemand an die Hand nehmen muss, der uns nach unserer Bestimmung einsetzt. Doch in diesem Augenblick beginnt das Unglück. Denn weil die Sehnsucht, gebraucht zu werden, genutzt zu werden und sinnvoll zu sein, so groß ist, liefern wir uns allen möglichen Angeboten aus. Hauptsache, es nutzt uns irgendwie. Hauptsache, wir haben irgendwie das Gefühl, dass wir etwas halbwegs Sinnvolles machen.

> *Weil die Sehnsucht, gebraucht zu werden, genutzt zu werden und sinnvoll zu sein, so groß ist, liefern wir uns allen möglichen Angeboten aus*

Ich weiß, dass es schwer ist, am Beginn des 21. Jahrhunderts an einen personhaften Gott zu glauben. Das erscheint vielen fremd, überholt oder zumindest sehr, sehr ungewöhnlich. Doch eines kann ich mit voller Überzeugung sagen: Sie können mit diesem Gott Erfahrungen machen. Sie können ganz Großartiges mit ihm erleben. So habe ich das erfahren, und ich erfahre es jeden Tag neu. Ich lebe mit diesem Gott, rede täglich mit ihm - auch wenn das für viele fremd ist - und lasse mich von ihm „gebrauchen". Und ich entdecke, dass all das, was ich mit Gott erfahre, unglaublich sinnvoll ist.

Ich verstehe sehr gut, warum sich die Menschen in den letzten Jahrhunderten immer mehr von Gott gelöst haben. Ich schaue mir die Geschichte dieser Zeit an und sehe eine Kirche, die angesichts der gesellschaftlichen Probleme leider völlig hoffnungslos war, die nicht in der Lage war, sich verständlich und hilfreich zu äußern. Weil wir schon von Karl Marx gesprochen haben: Die Kirche hat es zum Beispiel völlig versäumt, die Arbeiterbewegung zu begleiten. Friedrich Engels war ein sehr frommer Mann, der im Pietismus Wuppertals aufwuchs. Ich habe zu Hause einen wunderschönen geistlichen Choral von ihm, den er als junger Mann gedichtet hat. Der hätte die notwendigen Veränderungen gerne im Rahmen seines Glaubens durchgeführt. Doch als er mit ansehen musste, wie sich die Kirche ohne jeden Skrupel auf die Seite der Reichen geschlagen und die Ausbeutung der Arbeiter einfach stillschweigend geduldet hat, wählte er eben einen anderen Weg. Ich kann verstehen, dass so ein brillanter Denker irgendwann zu dem Schluss kommt: „Wir brauchen keine Religion!" Wobei er eigentlich die Institution Kirche meinte.

Und weil ich es selbst erlebt habe, kann ich auch verstehen, dass Menschen den ganzen christlichen Schmus wegen ihrer Eltern oder wegen der Pfarrer hinter sich gelassen haben. Weil die Mamas, die Papas und die „geistlichen Hirten" den „Lieben Gott" missbraucht haben, um den Kindern Angst zu machen, weil sie ihnen mit der Hölle gedroht haben, wenn sie nicht gefügig wurden. Die Kirche hat bisweilen mit uns Menschen ein böses Spiel getrieben!

Das mag Sie verwundern, aber den nächsten Satz meine ich sehr ernst: Ich entschuldige mich im Namen meiner Kirche für all das, was sie Ihnen gegenüber falsch gemacht hat! Dass Sie möglicherweise keine Beziehung mehr zu einem lebendigen, liebevollen Gott haben, ist zu einem großen Teil auch die Schuld unsere Kirche.

> *Ich verstehe, dass ein Mensch sich aus der „Hand Gottes" windet, um endlich er selbst zu sein und nicht ständig bevormundet zu werden*

Ich verstehe, dass ein Mensch sich aus der „Hand Gottes" windet, um endlich er selbst zu sein und nicht ständig bevormundet zu werden. Aber der Gott, von dem ich hier rede, ist eines ganz gewiss nicht: ein Gott, der bevormundet. Das mag die Kirche getan haben und das mögen auch Ihre frommen Eltern getan haben. Doch der Gott, von dem ich hier rede, hat sich so sehr auf Sie eingelassen, hat sich so sehr abhängig gemacht, wie ich mich von meinem Kugelschreiber abhängig gemacht habe. Ich kann mich sonst nicht mehr schriftlich ausdrücken, ich brauche dieses Ding.

Haben Sie mitbekommen, was ich da gerade gesagt habe? Gott braucht Sie! Können Sie ermessen, was das bedeutet. Also: Dass ich, Eckard Krause, vielleicht ein bisschen wichtig bin, das sagt mir der eine oder andere mit irgendwelchen ehrlichen oder zumindest lieb gemeinten Komplimenten schon ab und zu - und das werden Sie auch kennen und genießen. Aber stellen Sie sich vor, dass es wahr wäre, dass der Gott, der Himmel und Erde gemacht hat, Sie braucht! Nehmen wir an, Sie seien 60 Jahre alt, vielleicht sogar 70 Jahre und in letzter Zeit ganz schön gebrechlich geworden. Dann wissen Sie selbst, dass unsere Gesellschaft Ihnen sagt, was Sie von Menschen dieses Alters hält: „Mit dir kann man nichts mehr anfangen! Wir brauchen junge, agile und dynamische Leute!" Vielleicht sind Sie kein besonderer Intelligenzbolzen. Also: Ich habe in der Schule immer schlechte Noten gehabt! Und einer meiner Urerfahrungen war: Ich tauge nichts, ich bin nichts. Mein Vater hat mir das auch immer kräftig bestätigt: „Aus dir wird nie was!" Was meinen Sie, wie das einen Menschen kaputt machen kann.

Und nun stellen Sie sich vor, Sie könnten glauben, dass der mächtige Gott, der Himmel und Erde gemacht hat, Sie braucht! Ahnen Sie, was das aus Ihrem Leben machen würde? Sie sind nicht nur zum Glauben eingeladen, weil Sie Gott brauchen, sondern vielleicht auch deshalb, weil Gott Sie braucht! Haben Sie so etwas jemals bedacht? Er braucht Sie! In meiner Familie ist das genau so: Meine Kinder

> *Stellen Sie sich vor,*
> *Sie könnten glauben,*
> *dass der mächtige Gott,*
> *der Himmel und Erde*
> *gemacht hat,*
> *Sie braucht*

brauchen mich. Zum einen wegen der „Kohle" und weil sie sich ab und zu auch einmal einen guten Rat abholen. Doch das ist ja nicht alles. Wir sind so aufeinander bezogen, dass ich Ihnen ehrlicherweise sagen muss: Auch ich brauche meine Kinder! Ich bekomme Entzugserscheinungen, wenn ich sie lange nicht gesehen habe! Und wenn es meinen Kindern schlecht geht, dann geht es auch mir schlecht. Ich fühle mit ihnen und sehne mich nach ihnen.

Verstehen Sie, was das heißt: Gott braucht Sie? Das ist einer der schönsten Sätze dieser Welt. Und wenn Sie demnächst wieder einmal fragen ‚Wozu soll ich aufstehen?' - dann machen Sie sich das bitte klar: Gott braucht Sie. Das ist eine tolle Erfahrung! Ich mache es Ihnen und auch sonst niemandem zum Vorwurf, wenn er sich von der Kirche und vom Glauben entfernt hat. Ich kenne selbst viele gute Gründe dafür. Aber ich kenne auch die Menschen, die mit der Kirche und dem Glauben nichts mehr am Hut haben, und die in dem Augenblick, in dem wir ein bisschen tiefer ins Gespräch einsteigen, ganz überrascht fragen: „Ach, so ist das? Das ist Glaube? Diese Freiheit und Sinnhaftigkeit. Das hat mir nie einer gesagt." Es stimmt: Die Kirche hat in ihrer langen, nicht immer leichten Geschichte das Geheimnis von dem Gott, der uns braucht, oft mehr verstellt als offenbart. Ich verstehe sehr gut, wenn Sie Schwierigkeiten haben, an so einen Gott zu glauben, wenn Sie sich bisher nicht vorstellen konnten, ihn für Ihr Leben ernst zu nehmen. Aber was passiert, wenn Sie

Wenn Sie Gott nicht finden, sind Sie hoffnungslos dieser Welt ausgeliefert

51

den Kontakt zu diesem wundervollen Gott nicht finden, wenn Sie tatsächlich nicht zu einer Bindung an ihn kommen? Ganz einfach: Sie finden den Sinn Ihres Lebens nicht! Sie sind hoffnungslos dieser Welt ausgeliefert!

Ich will Ihnen dafür noch einmal ein Beispiel nennen: Alles, was es in unserer Natur gibt, kommt automatisch zur Erfüllung, ganz wie von selbst. Wenn Sie ein kleines Samenkorn in die Erde legen, dann spult dieses Samenkorn ein Programm ab. Niemand hat ihm gesagt, was es tun soll. Es treibt automatisch einen Keim nach oben. Es sitzt nicht einfach da und fragt intellektuell: „Soll ich nun nach rechts wachsen oder nach links?" Nein, die Richtung ist klar: nach oben, wohin denn sonst? Und wenn da ärgerlicherweise ein Stein dazwischen ist, wird das Samenkorn einen Keim treiben, der um den Stein herumwächst. Er muss sich zwar anstrengen, wächst nach oben! Und die Wurzel strebt nach unten. In diesem kleinen Samenkorn steckt das ganze Programm.

Das Samenkorn ist klüger als Sie und ich! Wir wissen oft nicht genau, in welche Richtung wir gehen müssen! Wir wissen nicht, welchen Schritt wir heute gehen können, der morgen noch sinnvoll ist! Das Samenkorn weiß es! Nach oben geht es. Mein Schöpfer hat diesem Korn ein inneres Programm gegeben, das es abspult - denn dieses Programm ist das Beste, was ihm passieren kann.

Und wenn Sie unter den physikalischen Bedingungen der Erde einen Stein fallen lassen, wird der Stein nicht einen Augenblick zögern und nachdenklich fragen: „Nach rechts oder nach links?" Er wird nach unten fallen. Dieses Phänomen läuft nach ewigen ehernen Gesetzen ab. Und wenn Sie ein Tier in freier Wildbahn erleben, wird es automatisch, ja, instinktiv das tun, was zum

Leben notwendig ist. Ein Tier in freier Wildbahn wird sich zum Beispiel niemals überfressen - das machen höchstens die Tiere, die bei den Menschen in die Schule gegangen sind. Verzüchtete Tiere fressen genau wie wir maßlos alles, was ihnen vorgesetzt wird. Aber ein Schwein in freier Wildbahn wird nur das zu sich nehmen, was für es angemessen und richtig ist. Ich habe noch nie gehört, dass ein Wildschwein an Herzverfettung gestorben wäre!

Beten macht Sinn

Die Tiere und die Dinge um uns herum haben keinen Grund, die Frage nach dem Sinn zu stellen. „Warum? Wohin? Wozu?" Diese Grundfragen sind für sie bereits beantwortet. Gott hat ihnen ein Programm gegeben. Beim Menschen ist das anders. Vielleicht kennen Sie diesen gewaltigen Vers aus der Bibel: „Der Mensch ist nur ein wenig geringer als Gott." Diese Zusage ist ein unglaublicher Adel, ja, es ist eine Auszeichnung, dass Sie nicht einfach ein Programm abspulen müssen, dass Sie nicht wie ein Hund oder wie ein Stein sind! Als Gott Sie geschaffen hat, hat er gesagt: „Ich will ein wirkliches Gegenüber, ein ‚Du' haben. Und da, wo das nichtmenschliche organische und anorganische Leben Programme oder Instinkte hat, da hast du etwas anderes: das Gebet! Du sollst ein Wesen sein, dass mit mir kommuniziert, ein 'Immer-Redender'. Du sollst auf mich, deinen Vater, deinen Gott, bezogen sein."

> *„Der Mensch ist nur ein wenig geringer als Gott." Diese Zusage ist ein unglaublicher Adel*

Ich finde diesen Gedanken faszinierend. Wir sollen im Gespräch mit Gott sein und dabei herausfinden, was für unser Leben wahr ist. Wir sollen nicht nur instinktiv handeln, sondern aus der Situation heraus entscheiden können. Das heißt auch, dass wir nicht immer nur das Gleiche tun müssen. Sie können einem Menschen begegnen und sollen nicht einfach sagen: „Ich weiß schon lange, wie man in so einer Situation entscheidet. Ich habe dafür, für die Begegnung mit dir ein Programm." Das wäre unmenschlich. Gott möchte, dass Sie jedes Mal neu fragen: „Was ist jetzt für diese Person richtig?" Eltern sind oft stolz, wenn sie sagen können: „Ich habe alle meine Kinder gleich behandelt!" Da kann ich nur sagen: „Hoffentlich nicht."

Meine Kinder sind sehr unterschiedlich. Und ich musste sie ganz unterschiedlich behandeln. Wenn ich einen Instinkt hätte wie ein Schaf, hätte ich meine Kinder vermutlich völlig gleich behandelt. Aber so wusste ich: Mit Andrea muss ganz anders geredet und umgegangen werden als mit ihrem Bruder. Sie braucht viel mehr Zärtlichkeit und Zuneigung. Sie muss spüren, dass wir uns um sie kümmern. Bei meinem Sohn war das ein bisschen anders, er ist mehr wie ich. Ihn hätte so viel geäußerte Zuneigung sehr schnell genervt. Aber diese unterschiedlichen Weisen, meine väterliche Liebe auszudrücken, habe ich nicht instinktiv angewandt.

Ich hatte die Freiheit meinen himmlischen Vater zu fragen: „Wie soll ich den Umgang mit meinen Kindern verantworten? Du hast mir hier lebendige Menschen in die Mitte meines Lebens gestellt!" Und ich bin unendlich froh, dass ich diese Bürde nicht alleine tragen musste. Wer kann schon sicher sein, dass er in seiner Erziehung alles richtig macht? Manchmal fasse ich mich an den

Kopf und denke noch heute: „Wie schafft ein Mensch das, ein Kind zu erziehen?"

Gerade in dieser Rückbindung an Gott besteht unser Adel. Nur wir leben in der herausfordernden, aber ungemein beglückenden Verantwortung vor Gott. Es ist ein Geschenk, dass wir kein Programm haben, dass wir nicht wie ein Stein, wie ein Tier oder wie ein Samenkorn sind, sondern dass wir für Gott ein „Du" sein dürfen, dass wir von Gott, unserem Schöpfer angesprochen werden können. Vielleicht haben Sie ja als Kind noch diese unmittelbare Erfahrung des Redens mit Gott gemacht. Leider verlieren die meisten diesen direkten Draht.

Doch ich frage Sie: Als Sie aufgehört hatten zu beten, als Sie nicht mehr sagten: „Vater, sieh, wie ich bin. Sieh, was ich alles mache! Erfüll mich! Leite mich! Sag mir, was jetzt richtig ist!', was ist da eigentlich mit Ihnen passiert? Ich glaube, dass Sie etwas unendlich Wertvolles verloren haben, weil man sich in der Erwachsenenwelt für eine solche kindlich-naive Nähe zu Gott schämt. Andere erleben, dass die langjährige Routine ihnen die Intimität mit Gott zerstört. Das kennen Sie doch sicher auch, dass Sie sich nur noch in Stoßgebeten etwas von dieser Freundlichkeit bewahrt haben: „Mein Gott, ist das schön!" oder „ O Gott, o Gott!" Vielleicht ist das Gebet bei Ihnen auch zum schlichten Nachdenken verkommen - oder zum Wunschprogramm: „Herr, mach dies, Vater, erfülle mir jenes, es wäre doch so schön, wenn Du..." Aber Sie merken selbst, dass so ein Programm nichts mit Nähe zu

> *Ich bin sicher, dass wir den lebendigen, persönlichen Dialog mit Gott brauchen*

tun hat. Ich bin sicher, dass wir den lebendigen, persönlichen Dialog mit Gott brauchen. Um es noch einmal ganz schlicht zusammenzufassen: Wenn Sie vor einer schweren Arbeit sitzen und die eine Ihrer Gehirnhälften die andere fragt: „Wie soll ich das bloß hinkriegen?", wen fragen Sie da eigentlich? Erst im Dialog blühen wir auf.

Der Dialog mit Gott macht Sinn

Wenn wir doch wieder lernen könnten, direkt mit Gott zu reden: „Wie soll ich das hinkriegen, mein Vater?" Ich verstehe dieses ganze Bild vom Sündenfall, über das die Kirche sehr oft mit unschönen Erniedrigungen des Menschen geredet hat, erst in diesem Zusammenhang: Der Mensch hat sich aus dem lebendigen Dialog mit Gott abgemeldet. Damit das nicht passiert, hatte der Vater dem Menschen in seinem wunderschön gestalteten Garten eine Grenze gesetzt. „Du, diese Grenze sollst du nicht überschreiten! Greife bitte nicht nach dem Baum der Erkenntnis, damit du dich nicht von mir trennst und plötzlich meinst, selber entscheiden zu können, was gut und böse ist. Du überforderst dich! Wenn Du alles allein entscheiden willst, dann glaubst du bald, dass du mich nicht mehr brauchst. Aber das tut dir nicht gut. Du bist für ein Leben im Dialog geplant, das macht Sinn! Das ist Menschsein in seiner ganzen Fülle!"

Ich möchte gerne, dass Sie nicht wie Tiere oder Steine dahinvegetieren. Ich wünsche Ihnen, dass Sie wieder in diesen Dialog mit Gott kommen. Ich behaupte: Wenn Sie sorgsam in sich hören, dann spüren Sie deutlich, dass Sie dazu geschaffen wurden. Was passiert, wenn Sie nicht zu diesem Dialog zurück finden? Dann leben Sie immer mit einer Lücke - etwas, ja, das Entscheidende fehlt. Sie brauchen doch nur auf die Gesellschaft zu sehen, auf die sehnsuchtsvollen Verhaltensweisen der Menschen, die nie wirklich zur

> *Den Sinn Ihres Lebens finden Sie nur in der Gegenwart dessen, der Sie gemacht hat*

Ruhe und zu sich selbst kommen. Den Sinn Ihres Lebens finden Sie nur in der Gegenwart dessen, der Sie gemacht hat. Denn Sinn Ihres Lebens finden Sie nur im Dialog mit ihm, nie anders!

Sinn wird immer von einer übergeordneten Größe gegeben, den kann man sich nicht selbst verleihen. Und wenn Sie so eine übergeordnete Instanz nicht mehr haben, dann gibt es nur noch zwei Möglichkeiten: Sie geben sich selbst einen Sinn, oder Sie lassen sich einen Sinn von der Gesellschaft diktieren. Und auf einmal heißt es: „Arbeit ist sein ganzes Leben". O ja, Arbeit, vor allem erfüllende Arbeit, ist etwas sehr Schönes, ein traumhaftes Ziel. Ich wünsche Ihnen, dass Sie arbeiten können, dass Sie Arbeit haben, gerade jetzt in dieser Zeit. Arbeit ist wichtig. Aber wehe, die Arbeit ist der Sinn Ihres Lebens! Dann haben Sie einen Sinn, der in dem Augenblick aufhört, Ihr Leben sinnvoll werden zu lassen, in dem Sie nicht mehr arbeiten können oder arbeitslos sind! Das ist doch die Krux der Arbeitslosen! Nicht, dass Sie weniger verdienen oder weniger haben als wir! Finanzielle Sorgen sind in einer Gesellschaft, in der man im Wohlstand lebt, schon schlimm genug. Aber das eigentliche Problem dieser Menschen ist, dass sie plötzlich sinnlos zu sein scheinen und sie niemand mehr braucht.

Und wenn Sie sich selber einen Sinn geben, dann

> *Wenn Sie sich selber einen Sinn geben, dann werden Sie immer irgendwelche äußeren Ziele und Ideen zu Ihrem Lebenssinn erklären*

werden Sie immer irgendwelche äußeren Ziele und Ideen zu Ihrem Lebenssinn erklären. Und das ist sehr gefährlich. Vor allem aber wird es immer irgendwann schmerzhaft. Da sagte mir eine Frau sehr überzeugt - und es klingt ja wirklich wahnsinnig edel: „Wissen Sie, ich lebe nur für meine Familie!" „Liebe Frau! Was ist denn, wenn deine Kinder dir irgendwann die Tür vor der Nase zuknallen und sagen ‚Wir brauchen dich nicht mehr, Mutter, du bist uns egal?' Oder noch schlimmer, wenn einem der Kinder etwas passiert?" Es ist ein wunderschönes Ziel, für die Familie zu leben, aber es nicht der Sinn des Lebens! Fragen Sie einmal die Ärzte und Psychologen, was mit den Menschen passiert, wenn ihre Kinder plötzlich erwachsen sind. Fragen Sie mal, warum so viele Ehen in dem Moment zerbrechen, in dem die Kinder das Haus verlassen und sich die beiden Eltern nicht mehr an das Ziel der heilen Familie klammern können. Bei Frauen ist dieses Klammern übrigens noch stärker ausgeprägt als bei Männern, weil bei ihnen die Verbindung zu den Kindern oft viel intensiver ist. Ich neide meiner Frau noch heute diese enge, innige Beziehung, die ich so nicht habe. Bei Frauen ist es also noch viel schwieriger, wenn die Kinder plötzlich erwachsen sind und sie ein Leben lang nur für die Kinder da waren. Manche werden physisch richtig krank, weil sie das für den Sinn ihres Lebens gehalten haben - und eines Tages feststellen müssen: Sie haben sich geirrt.

Junge Leute, die auf der Suche nach dem Sinn ihres Lebens sind, erleben so etwas Ähnliches: Sie stecken sich hohe Ideale und sagen „Es muss doch etwas geben, wofür ich leben kann!" Ich habe früher übrigens selbst so gedacht, ich bin schließlich voller Stolz ein „Achtundsechziger". Oh, damals hatten wir zum Beispiel das hohe Ideal vom „Frieden". Und je älter wir wurden, desto deutlich erkannten wir, wie dieses hohe Ideal verhökert wurde, weil es in der Weltpolitik all zu oft überhaupt nicht um Frieden, sondern um Geld geht! Am Frieden selbst hat keiner mehr Interesse, es geht eigentlich immer um das Kapital. Davon bin ich tief überzeugt.

Manchmal treffe ich auch Menschen, die mir sagen, ihr hohes Ideal sei die „Ökologie". Und das ist ja auch eine tolle Sache. Übrigens eine ganz biblische: „Macht euch die Erde untertan, wacht über sie!" Aber was passiert mit diesen Idealen? In dem Augenblick, in dem die Rentabilität eines Produktionszweiges in Frage steht, geht die ganze Ökologie den Bach runter! Und was passiert dann mit den jungen Leuten, die eben noch so voller Ideale waren, für die es sich lohnte, aufzustehen, die sich vom Dasein mehr versprachen als nur Essen und Trinken und Malochen? Entweder die Leute resignieren und sie ziehen sich in eine Scheinwelt zurück, zum Beispiel mit Computerspielen, und bleiben nur noch für sich - oder aber sie werden radikal. Der Radikalismus unter jungen Leuten ist nicht das Werk irgendeines Volksverhetzers, wie er auch immer heißen mag, der Radikalismus ist das Ergebnis einer Gesellschaft, die ihnen deutlich gemacht hat, dass es keinen Sinn mehr gibt. Und dann haben diese enttäuschten Leute eines Tages das Gefühl, jetzt gäbe es nur „Zerschlagen, zerschlagen!"

Ich weiß nicht, in welche Richtung Sie tendieren, wenn Sie entdecken, dass auch die wertvollsten Ziele nicht aus-

> *Ich weiß nicht, in welche Richtung Sie tendieren, wenn Sie entdecken, dass auch die wertvollsten Ziele nicht ausreichen, um dem Leben Sinn zu geben*

reichen, um dem Leben Sinn zu geben. Vielleicht neigen Sie zur Resignation, weil Sie zum Zerschlagen den Mut nicht haben? Ich möchte Sie herausrufen aus dieser Resignation. Da, wo Sie in die Gegenwart Ihres liebenden Gottes kommen, beginnt Ihr Leben kraftvoll und sinnvoll zu werden. Ich möchte das zum Ende dieses Kapitels mit einer Geschichte aus der Bibel dokumentieren. Einer wirklich herrlichen Geschichte, die ich immer gemocht habe.

Da kommt jemand auf Jesus zu. Die Bibel nennt ihn einen „reichen und jungen Mann". Und schon das finde ich herrlich? Meistens sind die Reichen ja uralt, weil sie ein Leben lang gebraucht haben, um so reich zu werden. Reich und jung - das ist doch das eigentliche Ideal. Er jedenfalls war reich und jung, hatte also alles, was man haben möchte, aber innerlich war er leer. Und damit vertritt er genau die junge Generation heute. Dieser Mensch kommt also zu Jesus und nennt ihn „Guter Meister". Er signalisiert mit dieser Anrede genau das, was junge Leute so gerne bei eindrucksvollen Persönlichkeiten fragen: „Ist das ein Guru? Ist das jemand, der mich führen kann? Ist das eine überzeugende Autorität?" Das, was diejenigen, die Häuser anstecken und den Volksverhetzern nachlaufen, wirklich suchen, ist eine Autorität, auf die man sich verlassen kann. Sie haben genug von irgendwelchen Politikern, die einmal so und einmal so reden, dann regelmäßig in seltsame Finanzaffären verwickelt sind und nie wirklich zur Rechenschaft gezogen werden. Die enttäuschten jungen Erwachsenen suchen nach Leuten, die definitiv sagen: „So ist es!" und die nicht andauernd „politisieren, koalieren und diskutieren", ohne eindeutige Werte zu vertreten. Man kann, nein, man muss das natürlich hinterfragen - dazu gibt es allen Grund -, aber diese Sehnsucht kann ich gut verstehen. Wer sagt einem denn heute noch, wo es lang geht; und das in einer Weise, dass man sich darauf verlassen kann? Die Volksverhetzer treten klar und eindeutig auf, und darum folgen die jungen Leute ihnen, selbst wenn sie Unsinn erzählen.

So kommt also dieser junge und reiche Mann zu Jesus und sagt „Guter Meister! Sag mir jetzt, was ich tun soll, damit ich ein sinnvolles, erfülltes Leben habe." Sie kennen diese Fragen bestimmt: Was muss ich tun, damit mein Leben funktioniert? Was muss ich noch erreichen? Wo kann ich mich hingeben? Und dann - ich sage es mal sehr salopp - testet Jesus diesen jungen Mann und sagt: „Du, es gibt doch sehr viele hohe Ideale, hast du die denn alle erfüllt? Halte die Gebote! Kümmere dich um das Edle und Hilfreiche und Gute!" Da sagt dieser verzweifelte Mann: „Ja, das habe ich alles gemacht." Heute würde er es vielleicht so ausdrücken: „Ich war ein Achtundsechziger, ich war in der Friedensbewegung, ich habe in Ökologie gemacht, ich bin bei Amnesty International aktiv, ich engagiere mich beim Roten Kreuz, alles, was als gut und richtig gilt, habe ich ausprobiert - aber es hat mich nicht erfüllt."

> *Was muss ich tun, damit mein Leben funktioniert?*

Und jetzt sagt Jesus einen ganz entscheidenden Satz: „Gib all das weg, von dem du bisher geglaubt hast, dass es dein Leben sinnvoll macht! Gib es einfach weg! Und gehe wieder das ein, wozu du geschaffen wurdest, eine enge vertrauensvolle Bindung mit Gott. Vertraue dich mir ganz an! Folge mir nach!"

> *Gib all das weg, von dem du bisher geglaubt hast, dass es dein Leben sinnvoll macht!*

Dieser reiche junge Mann reagiert wie so viele unter uns: Er kann nicht aus seiner Haut, vor allem aber traut er sich nicht aus seiner Haut heraus. Er ist so geprägt - durch die Tradition im Judentum, durch die Synagoge, durch die frommen Eltern, ich weiß nicht, warum und von wem - aber er ist so auf die gängigen Ideale eingeschworen, dass er ganz einfach sagt: „Nein, das kann ich nicht." Und nun passiert etwas, das mich sehr berührt. Jesus sagt nicht „Schlimm, schlimm!" Im Markusevangelium, in dem diese Geschichte erzählt wird, heißt es: „Jesus wandte sich um." Wissen Sie, was das in der Sprache der Bibel heißt? Es bedeutet: „Er weinte". Jesus weinte, als er diesen Bengel sah, der so reich, so jung und dabei so ohne Sinn ist. Und der auch noch die Katastrophe erlebt, dass er merkt, wie sinnlos alles ist. Da steht einer, der spürt, dass ihm etwas fehlt, und der trotzdem nicht einmal die Kraft hatte, sich anzuvertrauen. Jesus weinte und liebte ihn.

Diese Geschichte ist auch nach zweitausend Jahren noch genau so aktuell wie damals: Gott weint um Sie! Weil Sie aus vielerlei Gründen nicht mehr die Kraft haben, ihm zu vertrauen. Und auch die Worte dieses Buches sind nichts anders als das Werben Gottes um Sie. Er will, dass Sie ihm wieder vertrauen können. Ich möchte auch dieses Kapitel mit einem Gebet beschließen - und wünsche mir, dass Sie es zu Ihrem Gebet machen können.

Vater im Himmel!
In mir trage ich die Sehnsucht
nach einem wirklich guten Vater,
nach einer wirklich guten Mutter.
Ich würde mich so gerne wieder
anvertrauen können.
Ich bin total überfordert,
alles alleine machen zu müssen,
alles allein zu entscheiden.
Ich habe mich so verrannt.
Du bist mir fremd geworden,
so unglaubwürdig, so verstellt.
Ich kann dir nicht einfach so vertrauen.
Ich kann dir dieses einmalige Leben
nicht einfach so geben.
Ich bitte dich, dass du so um mich wirbst,
dass mir die Angst genommen wird,
damit ich wieder zum Leben komme.
Amen

Kleiner Grundkurs „Ewigkeit"

Warum wir uns auf den Himmel freuen können

Glücklich werden die Menschen, die die Grundfragen ihres Lebens für sich beantwortet haben und - indem sie wieder in den Dialog mit Gott eintreten - ihren Sinn entdecken. Im ersten Kapitel habe ich schon erklärt, warum es so wichtig ist, dass wir uns auch klar machen, wohin wir gehen. Diese wichtige Frage möchte ich im dritten Kapitel noch einmal vertiefen, weil sich mit kaum etwas so viele Unsicherheiten, Vorurteile, Wunschvorstellungen und Phantasien verbinden wie mit der Frage nach dem, was kommt. Sie werden selbst spüren, wie viel daran hängt. Denn im Angesicht des Todes verlieren unsere Halbheiten, unsere Masken, unsere Ideale und unsere Konzepte ihre Macht. Plötzlich stehen Sie da und erleben, dass all das, was Sie durch das Leben getragen hat, ganz unbedeutend ist, wenn es nicht etwas gibt, was Sie über die Schwelle hinwegträgt.

> *Im Angesicht des Todes verlieren unsere Halbheiten, unsere Masken, unsere Ideale und unsere Konzepte ihre Macht*

Ich möchte gleich mit der Zusage anfangen, die mein eigenes Dasein von Grund auf verändern konnte: „Unser Leben hat ein Ziel - und darum brauchen wir die Zukunft nicht zu fürchten." Was heißt das konkret? Sehen Sie, wenn Menschen früher, vor 50 Jahren etwa, das Wort „Zukunft" aussprachen, dann bekamen sie dabei glasige Augen. Wie

Kinder vor Weihnachten. Hin und weg waren sie, und freuten sich wie die Schneekönige. Da wehte ein Aufbruchsgeist durch Deutschland: Es wird alles immer besser, immer größer und immer schöner. Und tatsächlich: Es sprach alles dafür. Die großen Entdeckungen waren gemacht. Viele Erfindungen, die Naturwissenschaft und auch die Technik sprangen von einem Höhepunkt zum nächsten. Und in den Köpfen der Menschen kreiste der Traum von der Machbarkeit des Lebens: „Die Probleme dieser Welt kriegen wir alle in den Griff. Das Leben wird eigentlich von Jahr zu Jahr nur noch schöner und besser werden." Diese Euphorie ist lange vorbei. Spätestens seit 1986, seit Tschernobyl. Als die ach so selige Atomkraft, die ja allen Glück bringen sollte, plötzlich ganz Russland und Europa mit einer Wolke von Schrecken überzog.

Aber die tiefe Tristesse hatte schon viel früher eingesetzt. Schon zwanzig Jahre vorher kam das Gefühl auf, dass all das, worauf wir uns verlassen haben, es nun wirklich nicht mehr wert ist, sich darauf zu verlassen. All die Hoffnungen, die die jungen Leute hatten, waren verpufft, und von der großartigen Aufbruchstimmung war wenig übrig geblieben. Und das gilt für fast alle Institutionen. Auch die Kirche hat, wenn ich das richtig sehe, seit dieser Zeit eigentlich nicht mehr viel Hoffnung gemacht. Wo immer man heute hinkommt, wird in der Kirche problematisiert - wie furchtbar das alles wäre, die Gesellschaft und die Kirchenaustritte und die Fragen, wohin wir alle ziehen, und und und... Man hatte eine

> *Inzwischen sind wir, was die Zukunft angeht, eigentlich alle auf die vielen Gefahren, Risiken und Ängste fixiert, die uns erwarten*

Zeit lang den Eindruck, dass die einzige „Naherwartung", die in der Kirche noch gepredigt wird, die nukleare Naherwartung sei. Und inzwischen sind wir, was die Zukunft angeht, eigentlich alle auf die vielen Gefahren, Risiken und Ängste fixiert, die uns erwarten.

Warum der Himmel wieder aktuell ist

Ich will keinesfalls dazu auffordern, den Kopf in den Sand zu stecken. Im Gegenteil: Machen Sie sich bitte viele gute Gedanken darüber, wie man diese Welt wieder ins Lot kriegt. Ich denke, dass wir, je nüchterner wir die problematischen Dinge in Augenschein nehmen, desto klarer erkennen, wie wir damit umzugehen haben. Aber ich möchte Sie auch bitten, über ein Phänomen nachzudenken: Warum fällt es uns eigentlich so schwer, mal wieder klar und deutlich vom Himmel zu reden? Warum versuchen wir so sehr, das Irdische zu begreifen und in den Griff zu bekommen, dass wir das Überirdische völlig vernachlässigen? Das ist Ihnen doch bestimmt auch schon aufgefallen: Die Kirche redet über so vieles, über die Gesellschaft, über den Dialog mit allem Möglichen, über Ethik, über die Herausforderungen der Gegenwart und der Zukunft - aber über den Himmel redet sie eigentlich überhaupt nicht mehr. Der ist kaum noch ein Thema, auch in frommen Kreisen nicht.

Die Kirche redet über so vieles, aber über den Himmel redet sie eigentlich überhaupt nicht mehr

Oder erinnern Sie sich an eine Predigt - außer viel-

leicht an Himmelfahrt, und selbst da gibt man sich ja
große Mühe, das seltsame Wort zu vermeiden - oder an
einen Gottesdienst, in dem der Himmel das Thema war?
Also: Ich finde das ziemlich traurig. Schließlich ist der
Himmel, das, worauf wir uns alle freuen sollen. Die Botschaft vom Himmel war einmal die stärkste Kraft der Kirche! Und wenn Sie die Bibel aufschlagen und fragen, was
ihr Grundtenor ist, worin ihre Hauptaussagen bestehen,
dann kommen Sie unweigerlich auf diesen entscheidenden Gedanken: Wir Menschen sind miteinander auf dem
Weg zu einer Vollendung. Wir haben ein Ziel. Und dieses
Ziel heißt: „Himmel". Wie kann die Kirche eigentlich ihr
Grundthema so vernachlässigen? Auch Jesus redet immer wieder von der Zukunft
der Welt. Er wusste zum
Beispiel, dass er Gottes
Werke jetzt anfangen muss,
weil eine Zeit kommt, „da
niemand mehr wirken
kann". Jesus wusste etwas
von der Vollendung des
Ganzen. Es ist wichtig, dass
die Welt ein Ziel hat. Ja, Jesus war davon überzeugt, dass
der Himmel nicht fern ist. Jesus lebte aus der Erwartung
des Kommenden. Und auch die Botschaft des Paulus und
die Handlungen der ersten Märtyrer bekamen ihre Kraft
unter anderem aus dem Wissen, dass es bald eine Vollendung gibt. Das ganze neue Testament basiert auf dem
Gedanken, dass wir auf den Himmel zugehen.

> *Wir Menschen sind
> miteinander auf
> dem Weg zu einer
> Vollendung. Und dieses
> Ziel heißt: „Himmel"*

Viele Jahrhunderte lang war dieses Denken selbstverständlich. Wenn Sie sich zum Beispiel einmal das Evan-
gelische Gesangbuch daraufhin angucken, entdecken Sie

schnell, wie sehr die Frage nach der Ewigkeit die Menschen beschäftig hat: In fast jedem Kirchenlied endet die letzte Strophe mit einem Hinweis auf den Himmel.

Wollst endlich sonder Grämen
aus dieser Welt uns nehmen
durch einen sanften Tod.
Und wenn du uns genommen,
lass uns in Himmel kommen,
du, unser Herr und unser Gott.

Das war aus dem schönen Abendlied von Matthias Claudius, „Der Mond ist aufgegangen." Ein anderer Dichter, Gerhard Tersteegen, hat geschrieben:

Ein Tag, der sagt's dem andern,
das Leben sei ein Wandern
zur großen Ewigkeit.
Oh, Ewigkeit so schöne,
mein Herz an dich gewöhne,
mein Heim ist nicht in dieser Zeit.

Warum ist uns eigentlich das Denken und das Reden über die Ewigkeit so abhanden gekommen? Es gäbe tausend Gründe zu nennen, aber ich will nur einige wenige Thesen bringen:

1. Zuerst einmal hat die Kirche mit dem Himmel viel Missbrauch getrieben. Und auch dafür stehe ich im Namen meiner Kirche vor Ihnen und bitte Sie herzlich

> *Die Kirche hat mit dem Himmel viel Missbrauch getrieben*

um Entschuldigung. Man kann diesen herrlichen Gedanken vom Himmel entstellen und damit Druck ausüben. O ja. Vielen Menschen ist damit Angst gemacht worden: „Die Bösen kommen in die Hölle, die Guten kommen in den Himmel." Also war es für die Menschen der Aufklärung ein großes Anliegen, den Himmel einfach wegzudefinieren. Denn wenn man nicht mehr vom Himmel spricht, dann braucht auch keiner mehr Angst zu haben, dass er nicht reinkommt. Ich habe viel Verständnis für die Aufklärer. Sie wollten menschenfreundlich sein - und waren es zu ihrer Zeit auch. Wenn man so ein schönes Ziel wie den Himmel mit Angst besetzt, dann ist es kein schönes Ziel mehr. Dann ist man froh, wenn es diesen erschreckenden Ort nicht gibt.

2. Abgesehen davon war die Angst der Menschen, nicht in den Himmel zu kommen, für die Kirche lange Zeit ein äußerst lukratives Geschäft - übrigens nicht nur für die christliche Kirche, alle Religionen machen das. Auch der Hinduismus mit seinem Kastensystem hat es in Perfektion hingekriegt, die Menschen mit dem Hinweis auf ein Später zu vertrösten - und damit soziale Missstände in der Welt geradezu festzuschreiben. Es ist eine perfide Argumentation, die sich die Geistlichkeiten da einfallen lassen : „Hier bist du arm, aber daran brauchst du nichts zu ändern. Das ist gottgegeben, und dafür wirst du im Himmel reich sein. Hier bist du gefangen, aber mach dir nichts daraus, im Himmel wirst du frei sein. Hier geschieht Unrecht, aber lehne dich nicht dagegen auf - ‚Selig sind, die Unrecht leiden', sagt der Herr Jesus -, und im Himmel hört alles Unrecht auf." Dass das irgendwann für das Leben, das ich auf der Erde führe, nicht mehr stimmen kann, hat hoffentlich inzwischen auch der Letzte

eingesehen. Und wenn das die eigentliche Aufgabe des Himmels ist, Ersatz für das zu sein, was wir auf Erden auszuhalten haben, dann möchte ich lieber auf Erden bleiben und den Himmel vergessen. Ich kann auch aus diesem Grunde verstehen, warum die Leute nicht mehr vom Himmel reden. Sie haben Angst vor einer Vertröstung.

3. Es gibt auch noch einen anderen Grund, nicht mehr vom Himmel zu reden: Wir haben dieses Wort inflationär benutzt, es abgenutzt und verbraucht. Als kleiner Junge habe ich immer, wenn ich auf einer Wiese lag und die Wolken sah, gedacht: „Da irgendwo ist der liebe Gott. Im Himmel." Da, wo die Wolken sind, da ist der Himmel. Man sagt ja auch zurecht, der liebe Gott wäre im Himmel. Aber Himmel und Himmel sind eben zweierlei, und darum gibt es im Englischen dafür auch zwei ganz verschiedene Ausdrücke: „Sky" und „Heaven". Und es stimmt sehr wohl, dass ich den „Sky" sehe und dass ein Flugzeug durch die Atmosphäre fliegt - oder dass die Astronauten im Weltraum Gott nicht entdecken. Gott sitzt nicht mit seinen Engeln auf den Wolken, sondern im Himmel, und dieser Himmel ist kein Ort irgendwo oben, sondern eine Qualitätsaussage. Dass der „Himmel Gottes" keine lokale Bestimmung meint, das haben wir schon im Kindergottesdienst leichtfertig im Unklaren gelassen. Ja, Gott ist im Himmel, aber der Himmel ist kein Ort

> *Gott sitzt nicht mit seinen Engeln auf den Wolken, sondern im Himmel, und dieser Himmel ist kein Ort irgendwo oben, sondern eine Qualitätsaussage*

über uns. Trotzdem wird normalerweise genau so geredet, und jeder Stammtisch kann sich seine Gedanken
darüber machen, wie denn wohl der Himmel so aussieht;
mit Manna und „Halleluja-Singen" und Harfespielen.
Möglicherweise ist dieser sprachliche Leichtsinn ein sehr
bedeutender Grund für das Verdrängen oder Vergessen
des Himmels.

4. Einen ganz philosophischen Grund haben uns die
Religionswissenschaftler geliefert. Die haben nämlich folgendes behauptet: „Der Himmel - das ist eigentlich nur
die Projektion der frommen Sehnsüchte. Die eigentli-
chen menschlichen Sehnsüchte werden nicht befriedigt,
folglich projizieren wir sie an den Himmel und warten
darauf, dass sich da oben irgendetwas ereignet und wir
dort hinkommen." Alles, was wir uns erhoffen, schieben
wir dem Himmel in die Schuhe. Ich halte von dieser Pro-
jektionshypothese überhaupt nichts. Es könnte nämlich
auch genau umgekehrt sein - und davon bin ich überzeugt: „Sie kommen von irgendwo her - nämlich vom Vater - und leben nun mit Ihren Sehnsüchten nach dem,
was Sie schon vor ihrer Geburt kennen lernen durften.
Nicht Sie haben den Himmel gemacht, sondern der Himmel hat Sie gemacht. Sie sind wie jemand, der von zu
Hause weggelaufen ist und nur noch vage Erinnerungen
hat. Aber diese Erinnerungen sind so stark, dass Sie all
Ihre Glückssehnsüchte bestimmen. Nicht Sie projizieren,
sondern Ihre Erfahrung lebt in Ihnen." Ich denke, dass es
äußerst spannend ist, die Sache einmal so herum zu sehen, meine Herren Religionskritiker. Außerdem glaube
ich kaum, dass die Menschen sich aus Ihren Sehnsüchten
einen so anspruchsvollen und zugleich merkwürdigen
Himmel erdacht hätten - einen, in dem Gott klein und

schwach wird, um den Menschen nah zu sein.

Noch einmal: Das Reden vom Himmel ist uns verloren gegangen! Und das Schlimme daran ist, dass selbst in den christlichen Kreisen, in den Kirchen, vor allem aber in der Öffentlichkeit dieser Verlust gar nicht bemerkt wird. Im Gegenteil: Wenn man mit Leuten über Gott und den Glauben redet, dann sagen die: „Es interessiert mich nicht besonders, ob es einen Himmel gibt. Mich interessiert, wie ich hier auf dieser Erde zurechtkomme." Noch einmal: Ich kann das nach all den Missverständnissen gut verstehen.

Ich möchte Sie für einen Satz gewinnen, der relativ kühn klingt: Ich behaupte, dass die Probleme dieser Welt überhaupt nur dann sinnvoll angegangen und vielleicht sogar gelöst werden können, wenn wir uns den Himmel wieder bewusst machen. Das ist eine kühne These, ich weiß. Aber ich bin davon fest überzeugt: Nur wer an den Himmel glaubt, kann auf der Erde erfüllt leben. Nur, wer wieder vom Himmel redet, hat auf dieser Erde etwas zu sagen. Das muss ich Ihnen begründen.

Ich behaupte, dass die Probleme dieser Welt überhaupt nur dann sinnvoll angegangen und vielleicht sogar gelöst werden können, wenn wir uns den Himmel wieder bewusst machen

Warum das Ziel der Weg ist

Der religiöse Mensch früherer Zeiten wusste noch etwas von der Vorläufigkeit dieses Lebens und dieser Zeit. Er wusste, dass er auf einem Weg zu einem Ziel ist. Und dieses Ziel ist wunderschön. Wenn man auf einem Weg ist - und das sind wir alle -, dann geht man mit diesem Weg anders um. Ja, sogar das Gehen selbst ist anders, wenn man weiß, dass man zu einem ganz bestimmten Ziel läuft. Das Ziel verändert das Verhalten. Wer ein Ziel hat, der lebt anders, als derjenige, der glaubt, dass sein Weg bereits das Ziel wäre.

Ich spüre das jedes Mal, wenn ich in den Urlaub fahre. Ich mag Urlaub und reise regelmäßig nach Kroatien. Dort ist es einfach wunderschön, auch jetzt noch, und ich leide sehr an der Situation, die dort herrscht. Jetzt stellen Sie sich vor, ich fahre in den Urlaub und vergesse unterwegs, wo ich hin will. Ich stehe kurz vor München im Stau und habe einfach verdrängt, dass ich überhaupt in den Urlaub fahren wollte: „Kroatien? Ein tolles Land, in dem ich viele Freunde habe? Kenne ich nicht!" Und ich fange an, auf der Autobahn das Sonnendeck aufzumachen, und wundere mich, dass noch keine richtige Urlaubsstimmung aufkommen will. Meine Kinder holen die Liegestühle heraus, und wir bauen sie am Straßenrand auf. Aber die Stimmung kommt einfach nicht. Das, was ich eigentlich erhofft hatte, stellt sich nicht ein. Bis irgendeiner mich beiseite nimmt und mich aufklärt: „Begreifst du es nicht? Wir stehen hier nur im Stau. Du bist nur auf dem Weg. Du kannst vom Weg nicht erwarten, dass er das bringt, was eigentlich das Ziel bringen sollte! Du hast den Weg überstrapaziert. So ein Weg kann schön sein, allemal wenn das Ziel schön ist, aber er ist nicht das Ziel."

> *So ein Weg kann schön sein, allemal wenn das Ziel schön ist, aber er ist nicht das Ziel*

Ich fahre über 60.000 Kilometer im Jahr, aber die paar tausend Kilometer, die ich in Richtung Urlaub fahre, sind die schönsten für mich, weil ich mich so sehr auf das Ziel freue. Verstehen Sie: Ich will den Weg gar nicht schlecht machen. Ich finde den Weg wichtig und großartig, aber was ist ein Weg ohne Freude auf das Ziel? Und dieses Bild können Sie übertragen: Viele Milliarden Menschen auf dieser Welt haben - weil man ihnen das Ziel genommen hat, weil man ihnen die Hoffnung auf Vollendung genommen hat -, nur noch einen Gedanken: Dass dieses bisschen Leben, dass dieser Lebensweg über die Erde doch möglichst die Erfüllung ihres Glücks bringen soll. Dieses Leben muss alles bringen, wenn ich sonst nichts mehr habe, auf das ich mich freuen kann. Und auf einmal wird die Zeit auf der Erde ungeheuer überstrapaziert. Die Menschen powern sich aus, jeder fordert sich und seinen Mitmenschen viel zu viel ab, weil er andauernd denkt: „Ich muss ja glücklich werden! Ich muss unbedingt, ich muss, ich muss. Meine Sehnsüchte müssen alle hier erfüllt werden. Leben, gib mir alles, was ich brauch."

> *Die Menschen powern sich aus, jeder fordert sich und seinen Mitmenschen viel zu viel ab, weil er andauernd denkt: „Ich muss ja glücklich werden!"*

Brauchen Sie ein anderes Bild für den Wert des Himmels? Ich könnte Ihnen viele nennen. Ich stelle mir zum Beispiel die Menschen vor, die damals nach Amerika ausgewandert sind. Es gab ja große Wellen von Auswanderern vor allem aus Norddeutschland, aber auch aus dem Schwabenland. Das waren Leute, die eine große Vision hatten: das gelobte Land. Diese Menschen haben alles in Kauf genommen, um das Ziel ihrer Wünsche zu erreichen. Sie waren eingepfercht in kleinen Schiffen, mit denen sie über den Atlantik geschippert wurden, sie waren bereit, in der Hoffnung auf das große Ziel zu zehnt in einer Kajüte zu hausen, in schmaler Kost zu leben und sich den schlimmsten Gefahren auszusetzen. Das alles nur wegen einer klaren Hoffnung: Irgendwann kommt das Boot ans Ziel, und dann hat dieses Elend ein Ende und wir atmen in der Weite des gelobten Landes auf. Stellen Sie sich bitte einen Augenblick vor, der Kapitän hätte mitten auf dem Ozean die Leute zusammengerufen und gelacht: „April, April! Amerika gibt's gar nicht! Ich habe nur einen Witz gemacht. Dieses Ziel existiert nicht." Ich glaube, die Leute wären wahnsinnig geworden. Mir wäre es jedenfalls so gegangen. Vor allem aber hätte ich dann irgendwann gesagt: „Warum soll ich denn mein Essen noch rationieren, wenn es dieses Ziel sowieso nicht gibt? Warum soll ich die Kajüte mit so vielen stinkenden Menschen teilen? Wenn das alles ist, und meine Sehnsüchte tatsächlich nirgendwo anders Erfüllung finden, dann werde ich die Ellbogen gebrauchen und mir alles holen, was ich nur irgendwie kriegen kann - koste es, was es wolle. Und dann ist es mir auch scheißegal, ob jemand darunter leidet oder nicht. Ich habe ein Recht auf Glück! Hier und jetzt. Und wenn es kein Amerika gibt, dann mache ich mir mein Glück einfach selber! Und dabei gehe ich auch über Leichen."

Verstehen Sie, wie sehr das Wissen um ein Ziel schon jetzt unser Dasein bestimmt? Wenn es keine andere Hoffnung gibt als dieses Leben, dann ist jeder von Ihnen mein Feind. Und wenn es keine andere Erfüllung gibt als die,

die diese Welt zu bieten hat, dann muss diese Welt sie auch bieten und dann powere ich mich und diese Welt aus. Dann bin ich sogar bereit, die Planken des Schiffes zu verheizen, auf denen ich über das Meer fahren sollte. Und genau das macht die Gesellschaft um uns

Die Krise unserer Gesellschaft ist eigentlich die Krise der Hoffnung. Es ist das Ergebnis einer massiven Verunsicherung angesichts eines Zieles

herum. Die Krise unserer Gesellschaft ist eigentlich die Krise der Hoffnung. Es ist das Ergebnis einer massiven Verunsicherung angesichts eines Zieles, das es offensichtlich nicht mehr zu geben scheint.

Stellen Sie sich vor, Sie könnten glauben, dass all Ihre Sehnsüchte über die Erfüllbarkeit und Machbarkeit dessen, was uns auf Erden möglich ist, hinausweisen. Stellen Sie sich vor, es gäbe tatsächlich so etwas wie ein zu Hause, auf das Sie zugehen. Dann könnte dieses Leben, das Sie heute führen, eine ganz neue Dimension bekommen. Und dann wäre Bescheidenheit oder Gelassenheit nicht ein Verzicht unter irgendeinem hohen ethischen Ideal. Nein, dann wäre Bescheidenheit die Notwendigkeit, viele der Dinge, die mich umtreiben, getrost zu lassen, weil ich so viel besser ans Ziel komme.

Vielleicht hilft Ihnen noch ein anderer Gedanke. Sie sagen möglicherweise: „Es könnte ja sein, dass die Kirche mit dem Hinweis auf die Ewigkeit immer noch Menschen vertröstet." Es stimmt, das könnte sein. Aber ich habe es ganz anders erlebt. Für mich hat das Gewinnen einer Ewigkeitshoffnung mein Leben hier und jetzt, erheblich verändert. Mein Dasein ist gerade nicht mehr das belanglose Warten auf irgendetwas, das am Ende kommt. Es ist

> *Weil ich weiß, dass ich ein Ziel habe, beginne ich, mit dem Weg viel verantwortlicher umzugehen*

nicht mehr ein gleichgültiges Warten gegenüber den Dingen um mich herum. Im Gegenteil: Weil ich weiß, dass ich ein Ziel habe, beginne ich, mit dem Weg viel verantwortlicher umzugehen. Und auf einmal lerne ich soziales Handeln und Verhalten. Nur wer das Ziel kennt, nimmt den Weg ernst. Wer sich vom Weg das erhofft, was nur das Ziel liefern kann, der wird versuchen, aus Steinen Gold zu machen und doch immer nur vor einem Häufchen Elend stehen. Wer den Weg als Etappe zum Ziel begreift, lernt, versöhnter und zugleich weltzugewandter zu leben.

Warum die Zukunft das Heute prägt

Ich will Ihnen noch weiteres Beispiel für die Bedeutung des Himmels geben: Ich stelle mir zwei Wanderer vor, die seit 24 Stunden unterwegs sind. Ihre Beine sind bleischwer, sie sind todmüde und völlig abgeschlafft. Kennen Sie solche trostlosen Momente? Ich schon. Doch es kommt bei unseren beiden Männern noch schlimmer: Seit Stunden regnet es in Strömen und außerdem ist es bitterkalt. Beide Wanderer sind völlig durchnässt. Dazu kommt der Hunger, denn ihnen knurrt der Magen schon seit einiger Zeit. Und zu allem Übel haben die beiden auch noch schweres Gepäck. Da kommt wirklich Freude auf.

Wobei ich eines noch vorweg sagen muss: Ich sehe das Leben keinesfalls so negativ. Ich kann meinem Dasein unwahrscheinlich schöne Seiten abgewinnen. Ich lebe richtig gerne. Ich lebe in gewisser Weise sogar exzessiv, und ich freue mich an jedem Tag, den Gott mir gibt. Aber wer das Leben viel rosiger malt als einen mühsamen Weg, der ist entweder Idealist, oder ein etwas unehrlicher Politiker, der wieder gewählt werden will. Dieses Leben hat nun einmal etwas zu tun mit einer mühevollen Wanderung, mit Plackerei und mit Entbehrung. Ich glaube, dass wir darüber gar nicht zu diskutieren brauchen. Je mehr wir Menschen uns der Gebrochenheit des Lebens stellen, desto größer ist die Wahrscheinlichkeit, dass wir auch lernen, in all den Herausforderungen glücklich zu werden.

> *Wer das Leben viel rosiger malt als einen mühsamen Weg, der ist entweder Idealist, oder ein etwas unehrlicher Politiker, der wieder gewählt werden will*

Aber zurück zu unseren Wanderern, die seit vierundzwanzig Stunden unterwegs sind. Stellen Sie sich jetzt bitte folgendes vor: Auf einmal beginnt der eine von ihnen, obwohl es noch immer regnet, fröhlich seine Jacke auszuziehen. Er streift seine Schuhe ab, schmeißt sie in hohem Bogen weg und pfeift plötzlich ein lustiges Liedchen. Dann legt er seinen Rucksack ab und tanzt umher. Was ist da passiert. Nun, das soll es ja geben, dass jemand angesichts einer großen Anstrengung die Nerven verliert und durchdreht. Der Wanderer jedenfalls ist nun ganz happy und heiter. Der andere neben ihm dagegen begreift die Welt nicht mehr: „Sag mal, spinnst du? Du musst dich doch vor der Nässe und der Kälte schützen! Los, zieh deine Jacke wieder an. Du kannst doch nicht einfach dein Gepäck abstellen!" „Doch, das kann ich", sagt der Fröhliche, „das ist nämlich jetzt alles nicht mehr so wichtig. Soll ich dein Gepäck tragen?" Der Andere ist weiter völlig verwundert: „Wie bitte? Du wirfst dein Gepäck ab, um meins zu tragen?" Der Fröhliche erwidert: „Ja, gerne, kein Problem, gib schon her, ich trage deins mit." „Na gut, wenn du so doof bist..."

Da sind zwei Menschen auf dem gleichen Weg. Die Situation hat sich im Prinzip überhaupt nicht verändert. Aber der eine kann plötzlich alles, was ihn belastet ablegen, kann Hunger, Regen, Müdigkeit geradezu genießen, der schlechtesten Ausgangslage noch etwas Schönes abgewinnen und sogar die Last des anderen tragen. So einer kann doch nur verrückt sein! Oder?

In meinem Beispiel ist der vom Glück Gepackte nicht verrückt. Er hat nur etwas gesehen, das dem anderen entgangen ist. Rechts, ein wenig ab vom Weg, im Gebüsch verborgen, aber doch für alle sichtbar, steht ein großes Schild:

Gasthaus „Zum Hirschen"
200 Meter
24 Stunden warme Küche
Für Wanderer alles umsonst

Es sind noch 200 Meter bis zum „Himmel". Noch ist er nicht da, aber aus der Hoffnung auf die „Vollendung", aus dem Wissen um einen paradiesischen Ort, an dem alle

Tränen abgewischt werden, an dem es keinen Tod und kein Leid mehr gibt, erwächst eine gewaltige Kraft. Noch ist der Gasthof nicht zu sehen, und doch verändert er schon die ganze Gegenwart. Weil der Wanderer weiß, dass er bald dorthin kommt, wo es kein Geschrei mehr gibt, wo er ein Zuhause findet, wo die tiefen Sehnsüchte nach Geborgenheit, nach Vaterschaft

> *Noch ist er nicht da, aber aus der Hoffnung auf die „Vollendung", aus dem Wissen um einen paradiesischen Ort, an dem alle Tränen abgewischt werden, an dem es keinen Tod und kein Leid mehr gibt, erwächst eine gewaltige Kraft*

und Mutterschaft erfüllt sind, kann das, was er in dieser Welt erlebt, nicht nur 'erträglich', sondern geradezu in Freude verwandelt werden. Der Himmel strahlt in die Gegenwart hinein und bringt selbst in die schmerzvollste Situation Licht. Noch einmal: An den äußeren Umständen hat sich bei den Wanderern praktisch nichts geändert - und doch ist für den einen alles anders. Das Leben, das eben noch trostlos schien, hat ein Ziel, einen Sinn und damit auch eine himmlische Leichtigkeit, die die Lasten vergessen macht.

Es gibt so ein eigenartiges Kirchenlied: „In dir ist Freude/ in allem Leide." Das meint genau diese Erfahrung. Wenn ich weiß und akzeptiere, dass das Glück der Welt nicht durch uns erfüllt werden kann, weil immer ein Rest an unerfüllter Sehnsucht bleiben wird, dann passiert etwas mit mir, mit uns! Dann kommen wir in einen Zustand, den man Zufriedenheit nennt - nicht Resignation. Ich wünschte Ihnen zutiefst, dass in Ihnen die Gewissheit

> *Die Jahre hier sind schön, aber sie lohnen sich für uns besonders, weil wir mit jedem Jahr dem Ziel näher kommen*

wieder groß wird, dass das Eigentliche unseres Lebens nicht in der Zeit liegt, die wir auf dem Wege sind, und dass Sie nicht von diesem Leben alles erwarten. Die Jahre hier sind schön, aber sie lohnen sich für uns besonders, weil wir mit jedem Jahr dem Ziel näher kommen. Und das eigentlich Schöne kommt erst am Ende: die Vollendung.

Ewigkeit,
in die Zeit
leuchte hell hinein,
dass uns werde
klein das Kleine
und das Große
groß erscheine.

Ich behaupte, dass wir angesichts der Resignation und der Hoffnungslosigkeit in der Welt gerade nicht in das gleiche Horn stoßen sollten wie all die „Macher" es tun. Sie kennen ja diese Parolen: „Wir schaffen das schon!" „Kopf hoch!" „Das wird schon wieder" oder „Irgendwann geht das nach der Rezession schon wieder aufwärts, wir kriegen wieder alle Arbeit, wir werden wieder alle satt und..." Ich glaube das nicht mehr. Ich glaube das wirklich nicht mehr.

Wir träumen immer noch davon, dass auf dieser Welt alles perfekt wird. Das wird aber niemals so sein. Ganz gleich, wie sich die Wissenschaften entwickeln: Es wird weiter Angst und Leid geben, Schrecken und Verzweiflung. Und wer behauptet, dass man das endgültig beseitigt, der sagt nicht die Wahrheit. Der Himmel ist der Himmel - wir können ganz viel von ihm schon jetzt erahnen und vielleicht sogar ein Stück vorwegnehmen. Doch das vollkommene Glück finden wir erst, wenn wir wieder bei unserem Vater sind. Und wissen Sie was: Dieser Gedanke ist nicht etwa traurig, wie man auf den ersten Blick meinen

> *Wir träumen immer noch davon, dass auf dieser Welt alles perfekt wird. Das wird aber niemals so sein*

könnte. Er entlastet uns. Wir müssen nicht hier alles finden, was wir suchen. Das passiert schon noch früh genug. Lassen Sie uns lernen, zu erfahren, dass die Vollendung dieser Welt und die Erfüllung unserer Sehnsüchte jenseits unserer Machbarkeit liegen.

Werden wir dann nicht fatalistische Himmelsgucker, die sich für das Leben auf der Erde kaum noch interessieren? In dem einen Bild, das ich eben gebraucht habe, sagte ich es schon: „Nein. Nein, auf keinen Fall." Wenn ich weiß, dass die letzte Verantwortung für das Glück der Welt, und damit auch für mein Glück, nicht in meiner Hand liegt, dann werde ich erst Recht die vorletzte Verantwortung wagen. Dann werde ich entspannt und gelassen daran gehen, diese Welt zum Guten zu verändern - ohne in Fanatismus zu geraten.

Ich war vor ein paar Jahren in Bangladesch, einem der ärmsten Länder der Welt. Und unmittelbar danach kam ich nach Kalkutta, weil ich dort die Arbeit von Mutter

Theresa besuchen wollte. An diesen beiden Orten habe ich verstanden, worin der Unterschied zwischen einem getriebenen und einem gelassenen Willen zur Veränderung besteht. In Bangladesch begegnete ich ein paar Leute meines Alters, die aus den Achtundsechzigern kamen und als Entwicklungshelfern dort gelandet waren.

Die erschienen mit der großartigen Idee in Bangladesch, man könnte die Zukunft gestalten, wenn man nur das richtige Know-How hätte. Man müsse nur wissen, wie es geht, dann wäre man sogar in der Lage, den Himmel auf Erden selber zu schaffen. Das war ihre Vision. Und dann haben diese Leute über Jahre in Bangladesch Entwicklungshilfe geleistet, Häuser und Farmen aufgebaut und vielversprechende Projekte angeleiert.

Doch als ich sie besuchte, waren sie gerade dabei, den Laden zu schließen. Denn diejenigen, denen sie hatten helfen wollen, hatten etwas zu schnell gelernt und waren dann mit ihrem neuerworbenen Wissen in die Arabischen Emirate ausgewandert, um dort ihr Können zu Geld zu machen. Die Gier nach Reichtum war so groß, dass sie alles andere vergessen hatten. An dieser Stelle war die Entwicklungshilfe total gescheitert. Mir taten diese ehemaligen Weltverbesserer leid. Die waren voller Wut und Hass. Und wie sie plötzlich über die Menschen in Bangladesh geredet haben... Ich scheue mich eigentlich vor solchen Vergleichen, aber was ich da gehört habe, war schlimmer als das, was die Rassisten der Nazi-Parteien von sich geben. Was war passiert? Da saßen einfach Menschen, die alle eine große Hoffnung mitgebracht hatten, die lange Zeit glaubten, alles sei machbar

Mutter Theresa wusste, dass die Vollendung erst im Jenseits passiert

in dieser Welt. Und die nun erlebt hatten, dass dem leider nicht so ist.

Und dann war ich ein paar Tage später bei Mutter Theresa. Es war total faszinierend. Und gleichzeitig könnte man denken: „Es ist so blöd, was diese Frau macht. Sie holt Todkranke und Alte - und von denen gibt es in Kalkutta Tausende - in ihr Haus, damit sie dort in Würde sterben können." Und ich weiß, was ein moderner Unternehmensberater sagen würde: „Ich bitte Sie! So verändert man doch die Weltgeschichte nicht! An die Jungen muss man ran! Mit Logistik! Aber doch nicht alte Sterbende." Mutter Theresa wusste: „Sie wird das Glück der Welt nicht schaffen. Das kann sie nicht - aber das muss sie auch nicht." Diese einfache und doch unglaublich wichtige Erkenntnis hatten die jungen Leute der 68er nicht. Die hatten noch ernsthaft gedacht, sie würden es schaffen. Mutter Theresa wusste, dass die Vollendung erst im Jenseits passiert. Wie gesagt: Dieses Wissen ist unglaublich entspannend. Ich muss nicht das Letzte, wohl aber das Vorletzte tun. Und ich tue es mit Freude und in der Gewissheit, dass Gott am Ende alles gut macht. Diese Erkenntnis hat Mutter Theresa eine unwahrscheinliche Kraft gegeben, und ihr und ihrer ganzen Arbeit eine Ausstrahlung verliehen, die sie zurecht in der ganzen Welt berühmt gemacht hat. Christen sind von Hause aus keine Himmelsgucker, die die Hände in den Schoß legen, sondern Leute, die einen klaren Blick für die Realität kriegen.

> *Christen sind von Hause aus keine Himmelsgucker, die die Hände in den Schoß legen, sondern Leute, die einen klaren Blick für die Realität kriegen*

Warum die Hölle ihre Macht verliert

Ein letztes: Ich habe in Gesprächen mit Christen immer wieder die Sorge gehört, ich würde so viel von einem liebenden Gott erzählen. Von einem, der auf uns zuläuft, der nichts von uns fordert und voller Hingabe „Ja" zu uns sagt. Und jetzt rede ich die ganze Zeit von dem Himmel, auf den wir uns alle freuen sollen. Es fällt manchem Menschen schwer, wenn Gott so gut dargestellt wird. Und manche beschweren sich: „Weißt du denn gar nichts von einem Gericht, das wir zu fürchten haben? Werde ich denn überhaupt zu denen gehören, die am Ende oben ankommen? Es werden doch viele auch den falschen Weg nehmen. Und gibt es nicht in der Bibel Geschichten, in denen der Himmel nur für einige - 144.000 und nicht mehr - offen steht? Auf jeden Fall aber doch nur für die Guten, die alles erfüllt haben. Und was ist - ganz nebenbei - mit der Hölle?"

Gott ist treu. Und wen er beruft, und wen er hält, den wird er fest erhalten bis ans Ende. Davon bin ich überzeugt. Übrigens war das genau die Frage, die dem Apostel Paulus gestellt worden war: „Ist Gott wirklich treu?" Und Paulus antwortet im ersten Korintherbrief: „Gott ist treu." Er ist treu! Und ich wünsche mir aus ganzem Herzen, dass dieser Satz Sie begleitet: „Gott ist treu!" Ob Sie treu sind, das weiß ich nicht - und von mir weiß ich es auch nicht. Ich kann für mich nicht garantieren! Ich kann weder garantieren, dass ich moralisch sauber

> *Gott ist treu.*
> *Und wen er beruft,*
> *und wen er hält,*
> *den wird er fest*
> *erhalten bis ans Ende*

bleibe, noch dafür, dass ich morgen noch glauben kann. Ich kann nie sicher sein, dass die Bergpredigt mich morgen noch so faszinieren wird, dass ich sie erfüllen möchte. Ich weiß einfach nicht, was auf mich zukommt.

Würde ich einfach mit stolzgeschwellter Brust behaupten, dass ich immer treu und redlich sein werde, dann wäre das sehr überheblich. Ich wünsche es mir, aber ich weiß es einfach nicht. Und jetzt kommt das Entscheidende: Wenn von meinem Glauben und von meiner Treue am Ende der Himmel abhinge, dann könnte ich hier nicht - und wahrscheinlich nie wieder - so fröhlich sein. Dann würde sich die Angst wieder einschleichen: „Schaffe ich es oder schaffe ich es nicht." Der Gott, der mein Leben verändert hat, sagt aber: „Fürchte dich nicht." Und darum tue ich es auch nicht.

Die Bibel ist an dieser Stelle eindeutig: Die Treue Gottes öffnet Ihnen den Himmel, nicht Ihre Treue. Seine Liebe wird Sie empfangen, nicht Ihre Liebe. Gott ist treu, und er wird Sie erhalten. Wie geht es weiter in diesem schönen Abschnitt, in dem Paulus von den letzten Dingen redet? „...dass sie unsträflich sind am Tag des Gerichtes." Und jetzt möchte ich Ihnen etwas sagen, was Sie vielleicht sehr verwundern wird: Ich freue mich auf dieses Gericht am Ende der Tage. Denn eines wird dieses Gericht nicht tun: Es wird nicht mehr in Frage

> *Ich freue mich auf dieses Gericht am Ende der Tage*

stellen, was Gott durch den Tod seines Sohnes Jesus Christus und mit dessen Auferstehung ein für alle mal besiegelt hat, seine Versöhnung mit der Welt, mit Ihnen und mit mir. Diese Versöhnung Gottes wird das letzte Gericht nicht mehr in Frage stellen.

Der Herr, der am Kreuz gestorben ist und gesagt hat „Vater, vergib ihnen, denn sie wissen nicht, was sie tun" wird doch nicht am Ende mit überkreuzten Armen dastehen und sagen „Du und Du und Du ... ihr müsst raus, das hat nicht gereicht, diese Sünde kann ich dir nicht vergeben und du hast da versagt." So ist Gott nicht. Unser Herr ist voller Liebe. Er wird am Ende die Arme ausbreiten, so, wie er sie auch am Kreuz ausgebreitet hat. Und er wird der Herr sein, von dem gesagt ist, dass „nichts uns von seiner Liebe scheiden kann, weder Gegenwärtiges noch Zukünftiges, weder Hohes noch Tiefes und keine andere Kreatur." Nichts, aber auch gar nichts kann Sie von der Liebe Gottes scheiden, die in Christus Jesus ist.

Was soll dann aber dieses Gerede vom Gericht? Ich will das nicht einfach wegreden. Schließlich gibt es ja tatsächlich einige Stellen, an denen die Bibel davon spricht. Hier sind wir wieder an so einem Punkt, an dem die Kirche viel falsch dargestellt hat. Ich versuche, Ihnen zu erklären, wie das Bild vom letzten Gericht eigentlich gemeint ist.

Wissen Sie, es gibt in meinem Leben eine ganze Menge Dinge, die hätte ich ganz gerne abgelegt. Von denen weiß ich sehr genau, dass sie eigentlich nicht gut sind. Haben Sie auch so was? Ich glaube, dass wir alle diese Bereiche in uns kennen, die wir lieber heute als morgen los wären. Oder können Sie alles, was wir nach Gottes Willen tun sollen, auch wirklich einhalten? Gottes Wort ist gut, oder? Ich jedenfalls bin davon überzeugt. Ich halte seine Gebote für richtig und glaube, dass es Heil bringt, seinen Anweisungen zu folgen. Und ich möchte es auch gerne tun, aber es gelingt mir nicht. Ich scheitere immer wieder. Und in diesem Zusammenhang sagt uns Paulus: Am letzten Tag wird es ein Gericht geben. Doch dieses Gericht wird „nicht nach den Werken sein". Es wird dort kein finster guckender Erzengel in einem Buch all Ihre Fehler heraussuchen und dann Himmelsplätze verteilen: „Eckard Krause, das war ganz gut: Himmel zweiter Klasse. Johnny Jabowski, das war nichts: ab in die Hölle."

Die Bibel sagt ganz klar, dass nicht wir wegen unserer Werke gerichtet werden, sondern die Werke selbst. Das ist ein riesiger Unterschied. Sie werden nicht für Ihre Lieblosigkeit, für Ihren Ehebruch, für Ihren Hass, für Ihre Nachlässigkeit gestraft, sondern diese Sünden werden verurteilt. Für Jabowski und Krause - und da können sie gerne Ihren Namen einsetzen - ist das Gericht längst gewesen. Am Kreuz hat Jesus für unsere Schuld bezahlt, ein für alle Mal. Und das kann niemand mehr in Frage stellen. Es geht im letzten Gericht zwar um die Werke von Jabowski und Krause, aber nicht um die beiden selbst. Es geht um all das, bei dem wir uns ein Leben lang gemüht haben, es abzulegen, ohne es geschafft zu haben. Denn all diese unbewältigten Sachen bringen wir mit in den Himmel. Und unser Herr ist barmherzig genug zu sagen: „Johnny und Eckard, da gab es viel Mist in eurer irdischen Existenz, aber damit müsst ihr nicht die ganze Ewigkeit leben. Ich richte die Werke von euch weg. Ich trenne die Person von den Werken. Die Werke werden verdammt. Ihr aber werdet selig."

Paulus drückt das so aus: „Das Werk eines jeden wird im Feuer offenbar werden." Wissen Sie, was das bedeutet? Das letzte Gericht ist nicht eine Verurteilung, es ist eine Reinigung. Damit Sie endlich all das loswerden, was Sie belastet. Es gibt also keinen Grund, sich vor dem „Sweet Chariot", dem himmlischen Streitwagen, zu fürchten. Im Gegenteil, nicht nur auf den Himmel, schon auf das Gericht kann man sich freuen. Diese Botschaft ist und bleibt bis zum Schluss „Good News."

Es gibt keinen Grund, diese Hoffnung klein zu machen, aber tausend Gründe, den Himmel wieder aus ganzem Herzen zu erwarten. Zuzuleben auf die Vollendung, auf das Ziel, damit schon das Leben auf der Erde sinnvoll und kraftvoll wird, und wir für diese Welt bereit sind das zu tun, was Gott uns aufgetragen hat.

Wenn Sie Lust auf diesen Himmel bekommen haben, Lust auf Gott, Lust auf ein geistliches Zuhause, Lust auf Kraft und die Hoffnung auf eine Heimat in der Ewigkeit, dann lade ich Sie ein, das Gott auch zu sagen. Er hat Ihnen unendlich viel zu geben. Vielleicht gehören Sie zu denen, die glauben möchten und sagen: „Ich weiß nicht, ob ich das kann, aber ich würde es so gerne tun. Ich würde so gerne glauben, dass es einen Vater im Himmel gibt, der auf mich wartet, dass es eine Wohnung gibt, die mir bereitet ist, ein Ziel, ein Gericht, das nicht über mich richtet, sondern über meine Werke. Ich würde so gerne glauben, dass ich eine Hand finde, die mich fest hält und an der ich gehen kann. Ich würde gerne glauben, dass ich in eine Gemeinschaft gestellt bin, über der gesprochen ist 'Ihr werdet nicht sterben.' Ich würde das gerne glauben, aber ich kann es nicht."

Dann möchte ich Ihnen zum Schluss etwas unglaublich Schönes sagen: Gott fragt gar nicht, ob Sie das können oder nicht. Es geht bei ihm nicht um Ihre Leistungen. Sondern darum, ob Sie wollen. Und wenn Sie gerne glauben wollen, dann wird Gott Ihnen diesen Glauben schenken. Es ist natürlich schön, wenn Sie in einer Gemeinde einen Menschen finden, der Ihnen das Geschenk des Glaubens zuspricht. Aber letztlich ist es der Vater selbst, der Ihnen sagt: „Nichts mehr kann dich scheiden von der Liebe Gottes."

Über den Autor

Eckard Krause
ist Evangelist und Referent für Gemeindeaufbau und Gemeindeberatung im Amt für Gemeindedienst der evangelisch-lutherischen Landeskirche Hannover. Sein Credo: „Kirche muss wieder Kirche für alle Menschen und damit im wahrsten Sinne des Wortes 'Volkskirche' werden."